KURT TEPPERWEIN

Nichts geschieht umsonst

DIE SPRACHE DES LEBENS VERSTEHEN

SILBERSCHNUR VERLAG

ISBN: 978-3-89845-412-4

1. Auflage 2013
2. Auflage 2014
3. Auflage 2015
4. Auflage 2016
5. Auflage 2017
6. Auflage 2019
7. Auflage 2021
8. Auflage 2026

Gestaltung & Satz: XPresentation, Güllesheim
Umschlaggestaltung: XPresentation, Güllesheim; unter Verwendung verschiedener Motive www.fotolia.de

Druck: Finidr, s.r.o. Cesky Tesin

Verlag »Die Silberschnur« GmbH · Steinstraße 1 · D-56593 Güllesheim
www.silberschnur.de · E-Mail: info@silberschnur.de

Inhalt

Zu Beginn

Ich freue mich, Sie mit diesem Buch ein Stück weit auf Ihrem Weg begleiten zu dürfen. Sehen wir uns das Wunder Leben doch gemeinsam etwas genauer an. Entdecken wir, was es uns zu sagen hat, und erlernen wir die Sprache des Lebens, um mehr Harmonie und Leichtigkeit zu erfahren. Denn alles, was uns begegnet und was uns widerfährt, sind Botschaften, die uns etwas Wichtiges mitzuteilen haben. Dies bedeutet, dass das Leben ständig zu uns spricht. Deswegen ist die Sprache des Lebens eine Art "Fremdsprache", die wir lernen und beherrschen sollten. Wenn wir diese Sprache beherrschen, dann können wir das Leben verstehen, und erst dann ist es uns möglich, alle Erfahrungen und Hinweise für uns zu nutzen und ein erfolgreiches, erfülltes und gesundes Leben zu führen.

Das Leben sagt uns in seiner ganz eigenen Sprache, welchen Weg wir gehen sollten, um glücklich zu sein. Es weist beständig darauf hin, wie wir die Lebensumstände erschaffen können, die uns guttun. Wie es dies tut? Nun, ganz einfach: **Alles, was uns widerfährt, ist eine Botschaft**

für uns und entspricht uns, denn es geschieht nichts einfach nur so. Doch wer die Botschaften des Lebens missachtet, der geht viele Umwege, die sehr schmerzhaft sein können.

Nur das Leben selbst kennt die Abkürzung und den direkten Weg zu uns selbst. Deswegen ist es unumgänglich, seine Sprache zu lernen.

Es reicht jedoch nicht aus, Botschaften zu erkennen, denn nur wer sie auch für sich nutzt und sein Leben in die Hand nimmt, wird Erfüllung erfahren. Kurzum: Wir haben ständig die Gelegenheit, stimmig zu leben, und sobald wir die Sprache des Lebens verstehen, wird es einfacher sein. Unser Leben ist ein individueller Einweihungsweg. Er zeigt uns alles ... und wir werden geführt. Wir brauchen also nur auf das Leben zu schauen und zu hören, was es uns zu sagen hat. Wenn wir uns dann entsprechend verhalten und dem Leben bewusster begegnen, was sollte uns dann noch passieren?

Mit unserem Bewusstsein schaffen wir unsere Welt, und über die Lebensumstände zeigt uns das Leben, was wir geschaffen haben. Wir können in jedem Augenblick alles verändern, weil wir die Wahl haben, welche Realität wir erschaffen wollen. Diese Wahrheit klingt nicht nur märchenhaft, sie ist es auch. Glauben Sie es nicht, sondern probieren Sie es einfach aus. Wie? Indem Sie den Inhalt des Buches nicht nur lesen, sondern auch zu Ihrer Realität werden lassen. Setzen Sie es um! Erleben Sie es! Beginnen Sie damit, Ihr Leben zu führen, auf die

Botschaften zu achten und Ihre Intuition über den Verstand zu stellen.

Machen wir uns also bewusst: Es ist niemand da, der unser Leben verändern kann - außer wir selbst. Wenn wir die Sprache des Lebens wirklich verstehen wollen, sollten wir uns besinnen. Niemand hat Schuld daran, dass unsere Lebensumstände so sind, wie sie sind. Machen wir uns also von den begrenzenden Vorstellungen frei, dass es anders sein könnte, wenn die Menschen oder Situationen in unserem Umfeld anders wären. Wir *selbst* erschaffen uns aufgrund unseres Bewusstseins diese Lebensumstände und Erfahrungen, weil *wir allein* der Schöpfer unseres Schicksals sind. Doch keine Bange, denn: Wer die Sprache des Lebens versteht, kann auch sein Leben erfolgreich führen. *Lassen Sie uns den Botschaften daher nun gemeinsam auf den Grund gehen.*

Nichts als Botschaften

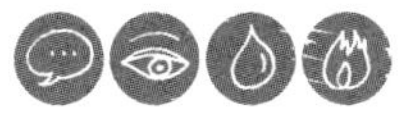

Botschaften verstecken sich überall

Es gibt unterschiedliche Bewusstseinsebenen, und das, was wir unter Botschaften verstehen, wird auf der materiellen Ebene über die Sinne wahrgenommen. Es gibt aber auch subtilere Empfindungen, die schon wahrgenommen werden können, bevor sie in die materielle Ebene eintreten. Auf der Ebene des Selbst erfolgt jede Botschaft unmittelbar. Das heißt, auf dieser Ebene spüren wir sofort und ohne Zeitverzögerung, wenn etwas nicht in Ordnung ist. Auf dieser Ich-bin-Ebene sind wir im Einklang mit dem Leben. Wir wissen sofort, ob etwas gut ist oder nicht. Wir können es dann auch als Freude, Gesundheit, Gelassenheit, Unstimmigkeit und so weiter fühlen und daraufhin sogar energetisch erleben. Dies zeigt sich als Kraft, Auftrieb, Motivation oder Ablehnung in Form von Unbehagen und so weiter. Etwas später erleben wir es sichtbar als Ereignis, als Geschehen, als Begegnung oder als Vorgang. Kurzum: Dann tritt das Ergebnis in Erscheinung, und die Botschaft wird sichtbar. Noch später erinnern wir es als Vergangenheit, als Erinnerung, als Jugend, als einmal gewesen. Die Botschaft geschieht also nicht nur ständig, sie geschieht auch ständig auf verschiedenen Zeitebenen. Mit einiger Verzögerung bekomme ich immer wieder die gleiche Botschaft.

Wir sollten uns bewusst werden, dass alles, was geschieht, nur in unseren Gedanken stattfindet. Diese Gedanken erzeugen dann das Bild "Leben", das wir als "Realität" bezeichnen.

Das Leben versucht, uns in den unterschiedlichsten Varianten Botschaften zu senden. Diese können zum Beispiel in einem Musikstück, in einem Autokennzeichen, in einem Zeitungsartikel, in einer Aussage, in einem spontanen Gefühl, in einem Brief, am Himmel, in der Natur, in körperlichen Zuständen und Reaktionen, in Verhaltensweisen von Tieren oder Menschen oder im Verlauf von Situationen versteckt sein. Sie lauern überall, und es gibt nichts, was keine Botschaft enthalten könnte. **Alles spricht ständig mit uns, aber wir können Botschaften auch gezielt abfragen.** Unsere Großeltern schlugen beispielsweise die Bibel auf, um Botschaften zu bekommen. Wenn Sie wollen, können Sie dafür auch ein anderes Buch nehmen, denn das Ergebnis ist immer das Gleiche.

Stellen Sie dem Leben eine Frage

Nehmen Sie irgendein Buch zur Hand. Wenn Sie möchten, können Sie auch dieses verwenden. Hören Sie in sich hinein, und dann nennen Sie ganz spontan eine Seitenzahl und eine Zeile. Beispiel: Sie könnten festlegen, dass zum Beispiel auf Seite fünfzehn in der vierten Zeile Ihre Botschaft steht. Das Ganze geht am einfachsten, wenn Sie sich lenken lassen. *Überlegen Sie sich keine Seitenzahl, sondern seien Sie sich ihrer gewahr, ohne darüber nachzudenken.* Vertrauen Sie auf Ihr Gefühl. Es hat jede Antwort parat. Probieren Sie es einfach einmal aus, und fragen Sie eine Botschaft des Lebens ab! Stellen Sie eine Frage wie: "Was sagt das Leben zur Situation X?" Dabei ist die Klarheit der Botschaft natürlich vom Bewusstsein des Fragenden abhängig.

Wenn Sie zum Beispiel Tarotkarten ziehen, kommt es darauf an, ob auch wirklich Sie *selbst* ziehen. Das heißt, verlangt Ihre Person - also Ihr Ich oder Ihr Selbst, sprich: Ihr wahres Wesen - eine Antwort? Auch die Klarheit der Fragestellung spielt eine wichtige Rolle. Wenn Sie vor einer Entscheidung stehen, können Sie also das Leben darum bitten, mit Ihnen zu sprechen. Dann wird es das auch tun und die Botschaft auf der äußeren Ebene sichtbar werden lassen.

Heute kennen wir aber auch noch präzisere Methoden, wie zum Beispiel den Armtest aus der Kinesiologie. Über diese Methode können wir Antworten zu einer bestimmten Frage oder Entscheidung bekommen. Bei diesem Armtest ist der Körper nur ein Anzeigeinstrument. So wie die Uhr nichts von der Zeit weiß, die sie anzeigt, so weiß der Körper nichts von der Antwort. Er zeigt nur, ob die Lebenskraft (bei einer zuvor gestellten Frage) frei fließt oder ob sie blockiert wird. Man nimmt einen Gedanken ins Bewusstsein - und stärkt dieser den Menschen, kann die Kraft voll fließen, dann ist er im Einklang mit der Schöpfung und mit dem Leben. Schwächt dieser Gedanke den Menschen jedoch, ist es, als ob ein Ventil zugedreht würde, die Kraft nimmt ab. Es ist für diesen Menschen und sein Leben dann nicht stimmig. Je präziser man bei diesem Test die jeweilige Frage ins Bewusstsein nimmt, desto präziser kann der Körper das Ergebnis anzeigen.

Aber neben all diesen Hilfsmitteln, gibt es unzählige weitere Hilfsmöglichkeiten, denen wir Botschaften entlocken können. Sie sind so vielfältig, dass es einfacher wäre, das aufzuzählen, was nicht infrage kommt. Doch hier muss ich passen, denn es gibt nichts, was keine Hinweise enthält.

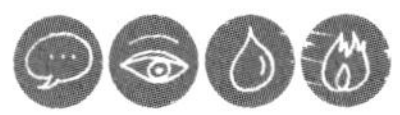

Alle Botschaften sind in allem enthalten

Schon immer haben die Menschen versucht, der Sprache des Lebens auf die Schliche zu kommen. Vor Jahrtausenden schon beobachteten sie die Natur und lernten allmählich, ihre Sprache zu verstehen. Sie wussten, Blitz und Donner waren Vorboten von Regen, wolkenlose Sonnenuntergänge verhießen kalte Nächte und ein feuchter Sommermorgen ließ eine bessere Pilzernte erwarten als ein trockener. Hatte der Mond einen Hof, dann konnte man für den nächsten Tag Regen erwarten, worauf auch manche Tiere hinwiesen (zum Beispiel tief fliegende Vögel), während tanzende Mücken oder eine blutrote Abendsonne eher auf einen schönen Tag hindeuteten. Diese Sprache lesen zu können, sich nach und nach Einsicht in die Natur zu verschaffen, um sich rechtzeitig auf kommende Entwicklungen einzustellen, das war ein wichtiger Schritt auf dem Weg zum bewussten Menschen.

Heute verstehen wir die Sprache des Lebens immer umfassender. Wir sind bewusster geworden als unsere

Vorfahren, und wir haben die Möglichkeit, Informationen zu bekommen, wie man diese Sprache verstehen kann. Dazu haben wir noch einen entscheidenden Vorteil: Wir können Botschaften abfragen. Wir können also jederzeit zu einer bestimmten Frage oder zu einer bestimmten Entscheidung das Leben fragen, was es dazu sagt. Dabei ist alles, was wir in diesem Bewusstsein anschauen, eine Botschaft.

Nehmen wir einmal an, wir alle sind als Prinzessinnen und Prinzen geboren worden und wurden dann zum Frosch. Dann wird es höchste Zeit, dass jemand kommt und uns wachküsst. Wer küsst denn im Märchen den Frosch wieder wach? Die Prinzessin. Durch das Wachküssen kann der Frosch wieder zum Prinzen werden. Bei Dornröschen ist es umgekehrt: Dort ist es der Prinz, der Dornröschen wachküsst. Immer ist die Prinzessin im Märchen die Seele, und der Prinz (oder der König) das Bewusstsein. Es gibt also zwei Wege: Entweder lässt die Seele das Bewusstsein wach werden und erinnert das Bewusstsein wieder an sich selbst, dann küsst also die Prinzessin den Frosch, oder (wie in Dornröschen) das erwachende Bewusstsein erinnert die Seele an sich selbst. Der Prinz küsst dann die Prinzessin, die wieder erwacht. Und genau das ist unser Weg. Das Leben eines jeden Einzelnen ist sein individueller, maßgeschneiderter Einweihungsweg, der ihm hilft, ihn wieder an sich selbst zu erinnern. Das erwachende Bewusstsein erinnert die Seele wieder an sich selbst. Im Märchen endet es immer damit, dass Prinz und Prinzessin heiraten und ihr Reich regieren. Das heißt also, wir sollten (nachdem wir die Wiedervereinigung im Außen erlebt haben) auch die innere Wiedervereinigung vollziehen:

wieder eine bewusste Einheit von Geist und Seele sein. Wer dabei wen wachküsst, ist bedeutungslos. Wichtig ist nur, dass beide wach sind und sich ihrer Einheit, ihres Einsseins bewusst werden. Wichtig ist, dass Geist und Seele gemeinsam bewusst durchs Leben gehen und ihr Reich regieren.

Was heißt das? Die ganze Welt, ja die ganze Schöpfung ist unser Reich. Wir alle sind Schöpfer. Wir haben auf dem Weg von der einen Kraft die höchste Kraft des Universums mitbekommen: die Schöpfungskraft. Das heißt, wir sind allmächtig, allwissend, allliebend und vollkommen. Wir haben es nur vergessen. Warum? Weil wir wie im Märchen eingeschlafen sind. Wenn wir glauben, wach zu sein, dann träumen wir den Traum vom Leben, aber eines Tages werden wir erkennen, dass die eine Realität nicht unser Leben ist.

Alle Botschaften dienen dem Erwachen.

Wir alle sind schlafende Götter. Jesus hat einmal gesagt: "Ihr allesamt seid Götter." Das ist richtig, doch wir sind eben schlafende Götter. Einer von beiden wird zuerst wach: die Seele oder das Bewusstsein. Wer von beiden zuerst wach wird, der erinnert den anderen Teil an sich. Dieses Erinnern, dieses vollkommene Wachsein, nennen wir Erleuchtung, und wenn wir erleuchtet sind, haben wir die Antwort auf alle Fragen in uns.

Vielleicht ist Ihnen schon einmal aufgefallen, dass, ganz egal welche Fragen Sie stellen, Sie die Antwort meist schon kennen. Manchmal werden Sie eine Frage stellen und Ihr Verstand sagt Ihnen vielleicht zuerst, dass Sie das nicht wissen können. Doch wenn Sie dann die Frage gestellt haben und tief Luft holen und in sich hören, was kommt, dann ist die Antwort da. Sobald Sie sich als Bewusstsein erfahren, steht Ihnen (über das morphogenetische Informationsfeld) der Speicher der ganzen Schöpfung zur Verfügung. Dies ist eine natürliche Gabe, die man sich nicht erst anzueignen braucht. Erstaunlicherweise erkennen Sie dann nicht nur das, was bisher geschehen ist und was bis dato entdeckt oder erfunden wurde. Wer im höchsten Bewusstsein ist, kann daneben auch bisher unentdeckte Teile erkennen. Wir können Entdeckungen machen, die noch nicht dagewesen sind. Natürlich waren und sind sie energetisch immer vorhanden, wie alles immer gleichzeitig vorhanden ist. Doch sie blieben bisher unentdeckt, weil sie mit den Sinnen nicht wahrnehmbar sind. Diese spontane Wahrnehmung findet auch nicht auf der Zeitebene statt. Sie geschieht direkt und spontan. Wir können als Bewusstsein also auch Fragen beantworten, die in der bisherigen Menschheitsgeschichte noch nie gestellt wurden oder die bisher nie befriedigend zu beantworten waren. Sprechen wir zum Beispiel wieder einmal über den Beginn der Welt, minutiös - dann kommt immer wieder unser kluger Verstand, der fragt: "Woher willst du das denn alles wissen? Warst du dabei?" Die Antwort ist: Selbstverständlich waren wir dabei! Wir alle sind von Anfang an dabei gewesen. Natürlich nicht als Mensch oder Körper, sondern als das, was wir wirklich sind. Und wenn wir wirklich wach sind, dann können wir uns auch wieder daran erinnern.

Glauben Sie nicht, erleuchtet zu sein, sei das Ziel. Nein, das ist erst der Anfang. Das ist so wie mit dem

Abitur im Leben. Viele, die das Gymnasium besuchen, denken, wenn sie erst einmal das Abitur haben, sind sie am Ziel. Doch wenn sie wieder wach werden, merken sie, dass sie gerade einmal *ein* Ziel erreicht haben. Daraufhin werden sie sich überlegen, ob sie direkt in einen Beruf gehen oder ob sie studieren. Dabei ist es egal, welchen Weg sie wählen - in beiden Fällen fangen sie wieder bei null an. Sie sind Lehrling oder Student im ersten Semester und haben keine Ahnung, wo sie sich einschreiben sollen. Sie gehen in eine neue Welt, in der alles erst einmal wieder ganz neu entdeckt wird. Genauso ist es mit der Erleuchtung. Milarepa, ein Meister des tibetischen Buddhismus (1040-1123), ist, als er auf der Suche nach Erleuchtung war, einem alten Mann mit einem Bündel Reisig begegnet. Er wusste, dieser Mann kannte das Geheimnis der Erleuchtung, die letzte Antwort, die er noch suchte. Er fragte ihn: "Sage mir, was ist Erleuchtung?" Der alte Mann lächelte, setzte sein großes Bündel ab und schaute ihn an. Milarepa sagte: "Danke, danke, ich habe verstanden. Das also ist Erleuchtung! Erlaube mir nur noch eine Frage. Was kommt danach?" Dann nahm der Mann sein Bündel wieder auf die Schulter, lächelte und setzte seinen Weg fort.

Wenn wir erwachen, erkennen wir, dass alles "bis dahin" nur Vorbereitung war - und mit Vorbereitungen sollten wir uns nicht allzu lange aufhalten. Es gilt also, schnell aufzuwachen und die Zeit zu nutzen! Um vom Tun ins Sein zu kommen, können und sollten wir den Botschaften des Lebens vertrauen. Sie sind es, die uns lenken und uns ohne Umschweife ins Erwachen begleiten.

Botschaften erkennen und verstehen

Die verschiedenen Aspekte der Botschaften

Wir sollten nicht nur glauben, dass das Leben zu uns spricht. Wir sollten seine Sprache ganz für uns entdecken und sie verstehen. Denn nur wer sie versteht, dem wird sie auch behilflich sein. Die Sprache des Lebens ist die wichtigste Fremdsprache überhaupt, denn in den Botschaften, die uns das Leben schickt, steckt die vollkommene Lösung für viele Probleme, die uns im Leben begegnen.

Hier einige Aspekte, die ständig etwas aussagen und mitteilen können:

- Die Botschaft des Körpers
- Die Botschaft der Lebensumstände
- Die Botschaft der Beziehungen
- Die Botschaft der Probleme, Schwierigkeiten und Hindernisse
- Die Botschaft unseres Lebenserfolges, des Wohlstandes

- Die Botschaft der spirituellen Entwicklung
- Die Botschaft der Zufälle - mit Glück und Pech
- Die Botschaft unserer Eigenschaften
- Die Botschaft unserer Ängste und Sorgen
- Die Botschaft unserer Wünsche und Träume und Absichten
- Die Botschaft des Mangels
- Die Botschaft des Leids
- Die Botschaft der Gedanken und Gefühle
- Die Botschaft unserer Schwingung, unserer Persönlichkeit
- Die Botschaft unserer Überzeugungen
- Die Botschaft unserer Identität, Rolle, Position
- Die Botschaft unserer Schwächen
- Die Botschaft unserer Stärken
- Die Botschaft unseres Aussehens
- Die Botschaft unserer Stimme
- Die Botschaft unserer Wohnung
- Die Botschaft unserer Kleidung und unseres Schmucks
- Die Botschaft der Farben, die wir tragen
- Die Botschaft unseres Berufes, unserer Interessen und Hobbys
- Die Botschaft unserer Bücher
- Die Botschaft unserer Zeiteinteilung
- Die Botschaft unseres Autos

- Die Botschaft unseres Bewusstseins
- Die Botschaft unserer Liebe
- Die Botschaft unseres Umgangs mit uns selbst
- Die Botschaft unserer Ausstrahlung
- Die Botschaft unserer Wertehierarchie, unserer Vorlieben und Ablehnungen
- Die Botschaft unserer Lebensphilosophie
- Die Botschaft im Sinn und Ziel unseres Lebens
- Die Botschaft unserer Ernährung

…

Doch viele Menschen nehmen die liebevollen Botschaften des Lebens persönlich. Dann glauben sie, schuld zu sein, etwas falsch gemacht zu haben, dass das Leben es nicht gut mit ihnen meint, dass sie das Leben nicht verstehen und so weiter. Die Botschaften sind aber keine Vorwürfe. Ganz im Gegenteil: Sie wollen uns helfen. Wir bekommen täglich unzählige Botschaften, und sie wollen uns den Weg weisen und uns zeigen, dass es anders leichter vorangehen würde. Sie zeigen uns auch, wenn wir uns in etwas verrennen und uns auf einem Weg befinden, der in eine Sackgasse führt. Dabei ist auch dieser Weg durchaus wertvoll, selbst wenn wir ihn als unangenehm empfinden. Denn nur weil wir etwas nicht mögen, heißt das nicht, dass wir es sofort loswerden oder verändern sollten. Alles, was uns widerfährt, weist uns ja immer nur darauf hin, die Richtung zu wechseln und nicht gegen unsere Natur zu kämpfen.

Aus allem lacht uns eine Botschaft entgegen, und ganz gleich, welchen Übertragungskörper sie dafür nutzt, sie hat nichts mit ihm zu tun.

Stellen Sie sich einen Briefträger vor, der Ihnen einen unangenehmen Brief bringt. Vielleicht ist er Ihnen deshalb etwas unsympathisch, aber Sie wissen ganz genau, dass er nichts für die Botschaft kann. Wenn er Ihnen die Nachricht bringt, dass Sie sechs Richtige im Lotto haben, dann werden Sie ihm vielleicht um den Hals fallen, aber auch hier wissen Sie, dass er Ihnen kein Geld schenken wird. In diesen Fällen können wir die Botschaft vom Überbringer der Botschaft durchaus trennen. In alltäglichen Dingen gelingt uns das aber nicht immer. Da geben wir allen anderen die Schuld, wenn wir uns verletzt, betrogen oder unbeachtet fühlen. Doch machen Sie sich bewusst: Noch nie hat Ihnen jemand etwas angetan, und keinem von uns wird je etwas angetan werden, denn andere sind nur die Boten des Schicksals – der Absender aber, das sind immer nur wir selbst.

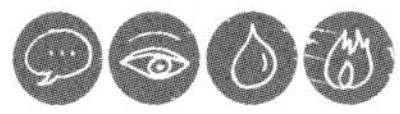

Die Botschaften des Alltags

Kinder und Tiere

Kinder und Tiere sind die sichersten Menschenkenner - mit einem untrüglichen Blick. Zu wem Kinder und Tiere gerne gehen, dem kann man in der Regel trauen. Natürlich sollte man auch beachten, wie sich ein Mensch gegenüber Kindern und Tieren verhält. Dabei ist das Verhalten zu den eigenen Kindern vom Verhalten zu fremden Kindern zu unterscheiden, ebenso verhalten sich manche Menschen bei den eigenen Tieren anders als bei fremden Tieren. Erst wenn man alles betrachtet, erkennt man wirklich, was dahintersteckt. Suchen jedoch Kinder und Tiere die Nähe eines Menschen, handelt es sich meist um einen aufgeschlossenen Zeitgenossen mit Herzenswärme.

Botschaften über Schimpfworte

Auch beim Schimpfen kann man Menschen analysieren, denn dabei sind sie meist ehrlich. Ein raues Wort zeigt nur den Menschen, der aus seinem Herzen keine

Mördergrube macht, aber wenn er beim Schimpfen gemeine Ausdrücke verwendet, finden sich solche Züge meist auch in seinem Charakter. Wenn man jemanden beim Schimpfen beobachtet, kann man zudem erkennen, ob er sich selbst liebt oder nicht, denn mit jedem Schimpfwort meint man letztlich sich selbst.

Zeige mir, was du liest ...

Nichts ist aufschlussreicher und ehrlicher in der Aussage als das, was ein Mensch liest. Es gibt genügend Menschen, die ein Leben lang mit zwei Büchern auskommen: dem Kochbuch der Mutter und dem Scheckbuch des Vaters ... Doch bei allen anderen gilt: Natürlich ist es nicht nur wichtig, was jemand liest, sondern auch, wie er liest: gründlich anstreichend und nacharbeitend? Oder überfliegt er den Text nur und liest lediglich quer? Wie ordnet jemand seine Bücher an? Nach Sachgebieten, nach Verfassern, nach der Farbe des Einbandes und der Größe des Buches? Und: Werden die Bücher, die jemand im Regal stehen hat, überhaupt gelesen?

Botschaften über das Hobby

Es zeigt, worauf sich die Sehnsucht des Menschen richtet, was in ihm steckt und was aus ihm werden könnte. Es gibt Hinweise auf seine mögliche Berufung.

Über den Umgang mit Geld

Im Umgang mit Geld sind Menschen meist ehrlich. Man kann leicht erkennen, ob jemand lieber gibt oder nimmt - und wenn er gibt, kann man ebenfalls leicht erkennen, ob er von Herzen schenkt oder nur aus Berechnung gibt. Interessant ist auch, wie man Geld aus der Hand gibt: sorgfältig auf den Tisch zählend oder mit spielerischer Geste?

Beim Trinken

Man kann einen Menschen auch etwas einschätzen, wenn man beobachtet, wie er eine Tasse oder ein Glas in die Hand nimmt: gleichgültig, gierig, fast andächtig oder genießend? Und wie spricht er, nachdem er getrunken hat? Nicht umsonst heißt es: "Im Wein liegt Wahrheit." Denn der Wein hebt die Zensur des Verstandes auf, und der Mensch sagt, was er denkt, und zeigt so auch, *ob* er denkt. Aber nicht nur in dem, *was* jemand sagt, sondern auch *wie* er es sagt, liegt wiederum eine Botschaft verborgen ...

Botschaften durch Zorn

Wer sich leicht aufregt, zeigt seine Neigung zu Rechthaberei und Herrschsucht. Wird er im Zorn unsachlich, zeigt sich, dass er seiner Sache gar nicht sicher ist und nur versucht, seine Unsicherheit hinter seiner Heftigkeit zu verbergen. Interessant ist auch, wie jemand auf die Unarten anderer reagiert. Ein großer Geist wird selbst bei Beleidigungen gelassen reagieren, und er demonstriert seine Größe, wenn er sich sogar bemüht, dem anderen zu helfen, wieder in Harmonie zu kommen.

Beim Urteilen

Wie urteilt jemand über einen anderen: verständnisvoll, gütig, unsachlich oder gar herabsetzend? Wer den anderen in seinem Urteil anhebt, erhebt sich selbst. Wer den anderen aber herabsetzt, setzt sich damit selbst herab. Vorschnell und endgültig ist nie der richtige Weg, sorgfältig und abwägend kann man dagegen gerecht bleiben.

Beim Entschuldigen

Sehr aufschlussreich ist es auch, darauf zu achten, *wie* sich jemand entschuldigt – und *womit*. Der Selbstbewusste wird ehrlich sein, der Unsichere wird Verständnis suchen, der Gedankenlose wird eine faule Ausrede erfinden.

Nichts in dieser Welt kann so verborgen sein, dass es dem, der bewusst sehen gelernt hat, nicht eine bestimmte Information vermittelt.

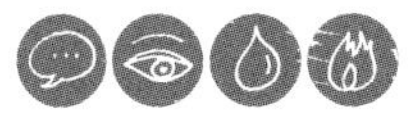

Die Botschaften der Lebensumstände

Eine andere Ebene, auf der das Leben ständig zu Ihnen spricht und die oft sehr schmerzhaft sein kann, sind die Lebensumstände, bestimmte Ereignisse oder Probleme. Haben Sie derzeit Probleme? In welcher Krise stecken Sie momentan? Welchen Schicksalsschlag oder welche Katastrophe erleben Sie gerade? Haben Sie ein Problem, das Sie gerne lösen möchten? Oder gibt es eine Gegebenheit oder einen Schicksalsschlag, womit Ihnen das Leben aufzeigt, dass etwas nicht stimmt? All dies sind ganz lebendige Informationen in der Sprache des Lebens. Sie sollten in diesem Zusammenhang auch auf die Botschaften der "Zufälle" achten, die Ihnen auffallen.

Um noch einmal zurückzukommen auf die problematischen Ereignisse im Leben: Der eine scheint ein Glückskind zu sein, der andere ein Pechvogel. Aber um was geht es denn genau? Glück und Pech existieren nicht wirklich, es gibt nur Ursache und Wirkung. Wenn ich viele negative Ursachen setze und viele negative Wirkungen erfahre, kann ich sagen, dass ich ein Pechvogel bin. Wenn ich dagegen viele positive Ursachen setze und viele angenehme, hilfreiche Wirkungen erfahre, kann ich sagen, dass ich ein Glückskind bin. Doch alleine Sie entscheiden, ob Sie ein Pechvogel oder ein Glückskind sind.

> *Bernhards Arbeitsplatz, ein Beispiel:*
> *Es gibt eine Verstrickung unglücklicher Umstände in der Firma, in der er als Ingenieur arbeitet. Ständig finden neue Entlassungen und Umstrukturierungen statt. Viele Mitarbeiter leiden unter der schlechten Arbeitsatmosphäre, das Management lässt zu wünschen übrig. Immer mehr Arbeit ist von immer weniger Leuten zu erledigen, und wenn Bernhard abends nach Hause fährt, fühlt er sich ganz neben sich. Die Situation scheint verfahren, eigentlich müsste an der Basis etwas geändert werden.*

Was ist die Botschaft an Bernhard, wenn er in dieser Firma arbeitet, in der es nicht stimmt? Er gehört zu einer Schicksalsgemeinschaft und ist damit auch selbst gemeint. Auch bei ihm heißt es daher: Management findet fast nicht statt, es wird ständig reduziert und umorganisiert, die Arbeit laugt den Menschen aus.

Hier könnte als Erstes die Basis überdacht werden. Wenn Bernhard lernt, mehr aus seiner Mitte heraus zu leben, wird er sich nicht mehr von außen leiten lassen. Lebt er allerdings nicht aus seiner Mitte, fühlt er sich der Situation völlig ausgeliefert und wie ein kleines Rädchen in der Firma, welches zu funktionieren hat. Lebt und handelt er dagegen aus der Basis heraus, braucht er sich gar nicht um den Betrieb zu kümmern: Entweder er wird entlassen (weil es nicht mehr passt), oder der Betrieb ändert sich. Wenn Bernhard stimmt und die Umstände dagegen nicht, dann kann es nicht mehr die Arbeitsstelle sein, an die er hingehört.

Die andere Möglichkeit wäre Bernhard wirkt als leuchtendes Beispiel für die anderen, damit sich in der Firma etwas zum Positiven ändert. Fängt Bernhard damit an, sich selbst von der Basis her in Ordnung zu bringen, indem er Management wieder stattfinden lässt, Ballast los wird, den Dingen eine Richtung gibt ..., dann können zwei Dinge passieren: Entweder - wie oben bereits beschrieben - der Betrieb gehört nicht mehr zu ihm, weil dieses Chaos nicht mehr mit ihm übereinstimmt und er nicht mehr in Resonanz damit ist. Also wird er seine Kündigung erhalten. Oder aber er gehört dorthin. Doch dann ist er nicht das Rädchen im Getriebe, sondern der, der von der Basis her aufräumt und sagt, dass die Zeit gekommen ist, langsam etwas zu ändern. Dann finden sich mehrere Mitarbeiter zusammen, die sich zu einer Delegation der Belegschaft formieren. In diesem Fall ist er der Stein, der die Lawine ins Rollen bringt und das Management dazu zwingt, wieder stattzufinden. Doch der erste Schritt zeigt: Es geht zuerst einmal nur um seine Person, es geht darum, dass er sein eigenes “Management” in Ordnung bringt und sich von der Basis her aufbaut.

Die Botschaft des Berufes

Viele Menschen üben ihren Beruf nur aus, um Geld zu verdienen. In Wirklichkeit kann Geld aber nicht verdient werden, sondern Geld ist ein Ausgleich für etwas, was wir geschaffen haben. Wer seine Tätigkeit mit Zwang ausübt, bei dem läuft etwas schief. Doch kaum hat man den Job gekündigt oder ist "gegangen worden", beginnt man, sich wieder Gedanken darüber zu machen, wie man so schnell wie möglich zu Geld kommen kann. Das Hauptaugenmerk wird auf das Einkommen gerichtet und nur selten auf die Qualität der Tätigkeit. Als Erstes sollten wir uns daher fragen, welche Tätigkeit uns erfüllen würde. Haben wir das herausgefunden, dann sollten wir diese Tätigkeit ausüben, ohne uns um den Verdienst zu kümmern. Der kommt ganz von allein und in großem Maße, wenn wir unsere Berufung auch umgesetzt haben.

Fragen Sie sich einmal Folgendes: Wie zufrieden sind Sie mit Ihrem Beruf? Ist Ihr Beruf wirklich Ihre Berufung? In welchem Stadium befinden Sie sich gerade? Werden Sie bei der Beförderung übergangen? Haben Sie das Gefühl, ausgebremst zu werden, oder werden Sie stark gefördert? Stimmt Ihr Beruf - aber Ihr Arbeitsplatz nicht? Sollten Sie sich längst selbstständig gemacht haben? Und wenn Sie freiberuflich tätig sind: Wie geht es mit Ihrem Unternehmen weiter? Läuft es gut oder gibt es irgendwo eine Verzögerung? Was teilt Ihnen dies mit?

Versuchen Sie, die Antworten nicht zu analysieren, sondern zu erspüren, und achten Sie in jedem Moment darauf, was Ihnen das Leben zu sagen hat. In der Fragestellung liegt meistens bereits die Antwort enthalten. Können Sie sie nicht entdecken? Dann werden Sie still und horchen Sie in sich, ohne dabei den Verstand zu benutzen. Es wird sich lohnen.

Die Botschaften der Probleme: Was uns fordert, fördert uns

Natürlich wissen wir alle, dass es Probleme nicht wirklich gibt. **Wären wir mit dem Leben immer einverstanden, dann hätten wir auch nie ein Problem.** Doch da wir in der Persönlichkeitsebene feststecken, sehen wir alles, was nicht nach unseren Vorstellungen abläuft, als problematisch an. Sogenannte Probleme sind jedoch nichts weiter als Vorstellungen - sie existieren im Prinzip nur, damit wir umdenken und uns zu der Person entwickeln, die wir wirklich sind. Ein Problem meint es also immer gut mit uns, es ist nie gegen uns gerichtet. Man kann sagen: Erfolglosigkeit, Armut, Krankheit und Schwierigkeiten in der Partnerschaft sind Folgen einer geistigen Fehlhaltung. Das Leben gibt uns mit diesen Herausforderungen einen Hinweis, unsere Einstellung zu gewissen Dingen zu erkennen und zu korrigieren. Ist der Mangel beseitigt, verschwindet auch das Problem. Probleme sind somit Geschenke des Lebens an uns. Sie sind ein liebevoller, wenn auch schmerzhafter Hinweis darauf, dass wir nicht schöpfungsgerecht leben.

Unser Leben entspricht dem, was wir glauben. Entsprechend diesem inneren Bild haben wir es entweder schwer im Leben, es erscheint als Problem oder Kampf – oder aber es fällt uns leicht, und das Leben zeigt sich uns als Freude oder Spiel. **Ein Mensch, der denkt, sein Leben wäre ein Problem, wird sich schwertun, eine Lösung zu finden.** Doch machen wir uns klar: Probleme sind *für uns da*, sie wollen uns zu uns selbst führen und zeigen uns, wo wir noch nicht ganz zu uns selbst gefunden haben. Somit ist jedes Problem eigentlich gar kein Problem, sondern eine "Auf-Gabe": Es zeigt uns, was wir "auf-geben" oder loslassen sollten. Immer zeichnet sich ein Weg ab, was zu tun ist. Ob wir uns nun dafür oder dagegen entscheiden, die Botschaft ist da. Stets wartet ein Weg auf uns, der mit einem stimmigeren Leben aufwarten kann.

Jedes Problem enthält ...

...eine Befürchtung.

...eine Ablehnung.

...ein scheinbares Unvermögen.

...eine fixe Idee, die nicht mit der Realität übereinstimmt.

...ein Nicht-konfrontiert-sein-Wollen mit der Realität.

...eine bestimmte Erwartung.

...einen unsichtbaren Vorteil.

...eine Lösung.

...eine mögliche Erkenntnis.

Ein Problem zeigt uns ...

...den Sinn des Lebens.

... unsere Lebensaufgabe.

...dass wir nicht ganz wir selbst sind.

...dass wir eine Rolle spielen.

...dass wir in der Illusion leben.

...dass wir lieber unsere Vorstellungen vom Leben verwirklichen möchten statt uns selbst.

...wenn wir nicht echt, ehrlich und authentisch sind.

Probleme lösen wir am schnellsten, wenn wir ...

...uns der Situation stellen.

...hinschauen und erkennen.

...die Botschaft verstanden haben.

...damit aufhören, im Außen eine Lösung zu suchen, sondern in uns schauen.

...das Problem lösen, anstatt uns vom Problem lösen zu wollen.

...uns fragen, warum wir das Problem haben.

...Lösungsmöglichkeiten sammeln.

...Vorstellungen und Erwartungen loslassen.

...Widerstände abbauen. (Dadurch erweitert sich unser Horizont, und wir kommen aus der Passivität in die Aktivität.)

...das Problem in der Kürze von drei Minuten schildern - sprich: konkret auf den Punkt bringen. In der Information steckt meist auch schon die Lösung.

...sofort in Aktion treten. Die Situation ändert sich bereits durch die Bereitschaft zu handeln.

...uns mit den Problemen beschäftigen, solange sind noch ganz klein (oder noch gar nicht vorhanden) sind.

...Entscheidungen treffen. Wer sich zu nichts entscheidet, hat verloren. Wer sich schnell entscheidet, der entscheidet zu 50 Prozent richtig. Für die falschen Entscheidungen trifft er wieder eine Entscheidung, die wieder zu 50 Prozent richtig ist, bis alles richtig entschieden ist.

...drei hilfreiche Eigenschaften besitzen, nämlich:

a. Erkenntnisbereitschaft,

b. Änderungswillen und

c. Beharrlichkeit.

...ein schwieriges Problem mit einem Freund oder einer Freundin probeweise "tauschen". Meist erkennt der andere blitzschnell neue Lösungsmöglichkeiten.

...wenn wir das Problem auf ein Blatt Papier zeichnen. Anschließend zeichnen wir die Lösung dazu! (Das ist einfacher, als es klingt - und jeder kann es! Deuten Sie die Zeichnung, denn es liegen Lösungsansätze darin, die zuvor wie von einer Mauer versperrt waren.)

...für verschiedene Lösungsmöglichkeiten den kinesiologischen Armtest zu Hilfe nehmen oder anderweitige Hilfsmittel nutzen. (Beim Armtest - siehe auch im Kapitel "Nichts als Botschaften" / "Stellen Sie dem Leben eine Frage" - ist es hilfreich, wenn Sie eine Person um Hilfe bitten. Nehmen Sie eine mögliche Lösung des

Problems in Ihr Bewusstsein, und stellen Sie sich die Situation in Gedanken lebendig vor. Sobald Sie diesen Gedanken halten können, versucht Ihr/e Partner/in, Ihren ausgestreckten Arm mit sanftem Druck herunterzudrücken. Testen Sie dies vorab mit ein paar ganz einfachen Gedanken, von denen Sie überzeugt sind, dass sie garantiert richtig oder falsch sind. Nachdem Sie mehrere Tests durchgeführt haben, erkennen Sie bald, ob eine Wahrnehmung Ihren Körper schwächt oder stärkt. Eine schöne - und für Sie stimmige - Wahrnehmung stärkt Ihre Gesundheit und gibt Ihrem Körper Kraft. Dies zeigt sich durch den Arm- oder Muskeltest: Ihr Arm bleibt kräftig und oben, während er bei kraftraubenden Lösungen vom anderen ganz leicht nach unten gedrückt werden kann.)

Machen wir uns bei einem Problem auch bewusst:

- Was soll ich lernen?
- Was blieb unbeachtet?
- Was ist die Aufgabe in meiner derzeitigen Situation?
- Wie kann ich stimmiger leben?
- Was sind die Konsequenzen daraus?
- Wie sieht mein weiteres Leben aus?
- Wie nutze ich meine Chancen?
- Wie vermeide ich, dass das Leben diese Botschaft wiederholt?

Haben wir ein Problem, bedeutet das die Nichtakzeptanz einer Realität. Ein Problem enthält jeweils eine Erwartung oder eine Befürchtung, einen bestimmten Anspruch oder eine Vorstellung, die nicht mit der Realität übereinstimmen. Wenn wir ein Problem lösen wollen, hilft es also auch zu fragen:

- Was will ich nicht sehen?
- Wo erwarte oder befürchte ich etwas?
- Welchen Anspruch habe ich an das Leben?
- Wo habe ich feste Vorstellungen, wie das Leben zu sein hat?

Viele Menschen wollen sich nicht mit Ihren Herausforderungen auseinandersetzen, doch wenn eine Aufgabe notwendig geworden ist, stellt sie uns das Leben bei der nächsten Gelegenheit, ganz egal, ob wir uns dafür Zeit nehmen wollen oder nicht. Es wiederholt das Problem so oft und so lange, bis wir es gelöst haben.

Mein Beruf, meine Partnerschaft, mein Umgang mit Freizeit und so weiter – das sind alles nur Situationen beziehungsweise Botschaften, in die mich das Leben gestellt hat, damit ich mich leichter erkennen kann, damit ich mich entwickeln (im wörtlichen Sinne von "auswickeln", "sich befreien") und mir selbst begegnen kann. Jede Herausforderung ist eine Aufforderung, meine wahre Berufung zu erkennen und zu verwirklichen.

Ein paar Fragen zur Anregung

Was könnten Sie tun, um das Problem wirklich zu beseitigen?

___

___

Was könnten Sie tun, um dort zu sein, wo Sie sein sollten?

___

___

Was könnten Sie tun, um so zu sein, wie Sie gemeint sind?

___

___

Was ist zu tun, damit Sie sich wirklich näher kommen?

___

___

Zu welchem Schritt fordert mich mein Problem denn auf?

___

___

Was ändert sich dadurch ab sofort in meinem Leben?

____

____

Warum hat Sie das Leben in diese Situation gestellt?

____

____

Was ist Ihre wahre Berufung?

____

____

Was ist die Chance der Partnerschaft, in der Sie gerade leben?

____

____

Ein Problem ist also keine Niederlage. Was verstehen Sie eigentlich unter Niederlage? Geht es dabei abwärts, oder ist es für Sie so, dass es jetzt nur noch nach oben gehen kann? Bricht man es herunter, ist es doch so: Bei einer Niederlage legt man nieder, was bisher war. Außer dass sich die momentane Lage ändert, passiert ja nichts. Die Niederlage lässt einen Menschen auch achtsamer werden, und wenn wir die richtige Einstellung haben, wissen wir, dass alles, was ist, uns nur dienen und helfen will. Eine Niederlage kann somit auch als ein Geschenk des Lebens betrachtet werden, und wir können uns genauso gut fragen, was uns das Leben mit dieser Niederlage schenken will. Mehr Freizeit? Umorientierung? Einen neuen Partner? Eine neue Perspektive? Eine neue Chance? Und so weiter ...

Schauen wir mit dem Herzen hin, und erkennen wir die Chance, ganz unten zu sein - an der Basis und vielleicht sogar am Kern des Problems. Wenn wir die Botschaft dieser Niederlage dann ins Bewusstsein nehmen, wissen wir, dass wir nun alle Möglichkeiten haben. Nach einer Niederlage kann es nur aufwärtsgehen - außer Sie halten an etwas fest, was nicht mehr zu Ihnen gehört.

Exkurs: Warum sich einfache Wünsche leicht erfüllen und womit wir die Erfüllung großer Wünsche verhindern

Alles, was existiert, war zunächst eine Idee. Die Existenz der Idee *ist* bereits die Schöpfung. Alles Weitere ist nur das "In-Erscheinung-Treten" dieser Idee. Dies wird von unserer Bewusstseinsausrichtung bestimmt, und die erlebte Realität ist das Ergebnis. Die erlebte Realität ist aber nur die ganz individuelle Realität, denn in Wahrheit ist sie eine Illusion. Das Bewusstsein formt Gedanken und Vorstellungen zu Bildern und erzeugt das, was wir Leben nennen.

Auch eine Bestellung beim Universum ist eine solche Bewusstseinsausrichtung, die eine entsprechende Zukunft in Erscheinung ruft. Genau genommen bestellen wir ständig, sonst gäbe es überhaupt keine erfahrbare Realität. Diese Bestellungen entstehen also ganz automatisch und geschehen nicht bewusst.

Welche Zukunft wir in Erscheinung rufen, wird ausschließlich von unserer Ausrichtung und unserer Aufmerksamkeit bestimmt.

Alle anderen Faktoren bestimmen lediglich mit.

Es müssten auch eine ganze Menge Wunder passieren ... Fragen Sie sich, warum Sie so wenig Wunder erleben? Die Antwort ist einfach. Wunder können nur dort geschehen, wo sie im individuellen Möglichkeitsraum enthalten sind, das heißt: in der Sicht des Einzelnen. Dann aber sind sie keine Wunder, sondern eben nur eine Möglichkeit - an die wir glauben sollten. Unser Glaube hat deshalb eine so große Wirkung (ebenso wie unser Zweifel!), weil er unsere Aufmerksamkeit auf das Geglaubte oder aber auf das Bezweifelte lenkt. Dabei machen wir die Erfahrung, dass kleine Wünsche so gut wie immer erfüllt werden, weil sie kaum oder gar nicht bezweifelt werden. Bei großen Wünschen hingegen befürchten wir ständig, dass sie nicht eintreffen könnten. Wir richten unsere Zweifel zudem nicht nur einmal auf den Wunsch und infolgedessen auf das mögliche Scheitern beziehungsweise auf die Nichterfüllung, sondern gleich mehrfach - und damit kreieren wir perfekt eben dieses Scheitern, denn die Energie folgt immer der Aufmerksamkeit. Das, worauf ich meine Aufmerksamkeit richte, das wird sich realisieren.

Alles, was geschieht, geschieht zunächst immer im Bewusstsein. Das trifft auch auf die Veränderung der Umstände zu. Durch unsere Fokussierung wird eine andere Zukunftsmöglichkeit in Erscheinung gerufen, und sie ist bis dahin auch jederzeit abänderbar. Es ist wie beim Computer, den ich jederzeit mit dem Internet verbinden kann, wodurch ich mir Zugang zu einer Unmenge an Informationen (v)erschaffe, von denen ich aber durch entsprechende Eingaben nur den gewünschten Teil auf dem Bildschirm sichtbar mache, obwohl alle anderen Teile genauso real sind. Ist mein Bewusstsein aber "offline", sind das nur potenzielle Möglichkeiten, empfangen kann ich nichts davon. Wobei die Informationen, auch wenn ich "offline" bin, ständig aktualisiert werden, aber nicht in Erscheinung treten. So findet ein ständiger Austausch auf der Ebene der Hyperkommunikation statt, der mir aber erst bewusst werden kann, wenn ich "online" bin.

Wenn wir erkannt haben, dass wir unsere Realität selbst erschaffen, liegt folgender Gedanke nahe: Ich brauche ja nur die erwünschte Realität zu erschaffen, und schon sind meine Probleme gelöst. Doch diese Problemlösungsstrategie wird nicht funktionieren. Viel wahrscheinlicher erschaffen Sie sich damit nur noch mehr Probleme, denn Sie fokussieren sich auf Ihre Probleme, Sie schenken ihnen Aufmerksamkeit und Energie - und damit ziehen Sie sie nur noch mehr in Ihr Leben.

Indem Sie Ihre Aufmerksamkeit allerdings immer nur auf Lösungen richten, schaffen Sie die Möglichkeit für eine Lösung und erreichen das, was Sie wollen.

Wenn Sie gerne mehr Geld hätten, dann richten Sie Ihre Aufmerksamkeit scheinbar auf mehr Geld. Woran aber denken Sie wirklich? Wahrscheinlich an die erwünschte Vermeidung des Mangels. Das heißt, Sie richten Ihre Aufmerksamkeit auf etwas, das Sie nicht wollen (den Mangel), und damit verstärken Sie den Mangel.

Unsere Aufmerksamkeit wird nämlich von unserer Motivation gesteuert, und die will etwas haben, um etwas anderes zu vermeiden. Unsere Motivation läuft am bewussten Denken vorbei und ist uns daher eben meist gar nicht bewusst. Sie funktioniert über Gefühle, und die sind ein sicherer Indikator, ob eine positive oder eine negative Motivation hinter der Absicht steckt. Wenn es sich angenehm anfühlt, geht es Ihnen wirklich darum, das zu wollen, was Ihr Wunsch beinhaltet. Sie haben Freude daran. Fühlt es sich aber eher unangenehm an, dann geht es um etwas, das Sie vermeiden oder loswerden möchten. Vielleicht ist es sogar noch mit der Angst verbunden zu versagen, oder Sie haben Angst vor den Folgen, wenn der Wunsch sich nicht erfüllt.

Das Gleiche gilt für ein Problem. Ich möchte an dieser Stelle noch einmal kurz auf die Botschaften der Probleme eingehen.

Ein Problem ist ein Umstand, eine Situation, die als unangenehm sowie unerwünscht erlebt und von Ihnen ablehnt wird. Ohne diese Ablehnung wäre es einfach nur eine Situation, die leicht zu ändern wäre, aber die Ablehnung richtet die Aufmerksamkeit auf das Abgelehnte und lenkt unsere Schöpferkraft darauf. Das verstärkt und vermehrt das Problem. **Einfach wird es, wenn Sie das Problem nicht mehr als Problem sehen, sondern als interessante Herausforderung, die es zu meistern gilt.** Es geht dann nur noch darum, die beste Lösung zu finden und zu verwirklichen, ausgehend von der Gewissheit, die Lösung in jedem Fall zu erschaffen. Also: Ein Problem wird erst durch Ablehnung zum Problem. Ein Lösungsversuch, der auf Ablehnung basiert, kann nicht zum Erfolg führen, weil er die Aufmerksamkeit auf die abgelehnte Situation richtet und nicht auf die Lösung.

Aber auch wenn Sie das erkannt haben, könnten Sie dazu neigen zu sagen: "Ich 'muss' meine Aufmerksamkeit auf die Lösung richten!" - Sie wollen das negative Denken vermeiden und sind doch schon wieder in der gleichen Falle. Es funktioniert nur, wenn Sie Ihre Aussage von vornherein als wahr empfinden - mit anderen Worten: wenn Sie sich glauben. Die grundlegende Denkrichtung eines Menschen wird von der Realität so vollkommen widergespiegelt, dass wir sie nicht mehr als Spiegelbild unseres Denkens erkennen, sondern glauben, die Realität sei eben so. Wir verlagern das Problem von unserem Inneren nach außen. Dort kann man es aber natürlich nicht ändern, weil es dort gar nicht existiert. Unsere Probleme sind zumeist Ausdruck einer Grundüberzeugung, die wir für die Wahrheit halten, und diese "Wahrheit" wird durch die Probleme immer wieder bestätigt und wiederholt. Sobald Sie aber nach diesen negativen Denkmustern suchen, nehmen Sie wiederum genau das ins Bewusstsein, was Sie gar nicht wollen. Auch die Überzeugung "Ich muss die Wurzel meiner Probleme finden" führt zum gleichen unerwünschten

Ergebnis. Oder Sie kommen gar zu der Erkenntnis: "Um Probleme zu lösen, muss ich aufhören, etwas zu müssen." Sie müssen gar nichts! Sie sollten lediglich erkennen, dass ein Problem immer nur ein Nichteinverstandensein spiegelt.

Prüfen Sie also bei jedem Vorhaben die dahinterstehende Motivation. Beispiel: "Ich möchte mehr Geld!" Warum? "Weil ich dann keine Sorgen mehr habe." Bei dem Wunsch geht es also in Wirklichkeit darum, etwas zu vermeiden, und das bewirkt höchstens das Gegenteil. Besser ist es zu fragen: "Was will ich denn anstelle meiner Sorgen?" Antwort: "Ich will mich wohlfühlen und in der Leichtigkeit des Seins leben." Das ist es also, was Sie wirklich wollen, und das können Sie auch erreichen, wenn Sie einen Vermeidungsgedanken einfach in sein Gegenteil umkehren.

Am Ende der Motivationskette entsteht immer ein erwünschtes Gefühl.

So wird ersichtlich, dass der Kampf gegen Krankheit oder gegen die Armut in der Dritten Welt oder gar gegen den Krieg nur das Gegenteil bewirken kann. Unser Glück ist ohnehin nicht von äußeren Umständen abhängig, sondern ebenfalls ein Bewusstseinszustand. Millionäre sind nicht glücklicher als Bettler. Der wesentliche Unterschied zwischen einem glücklichen und einem unglücklichen Menschen besteht darin, wie er seine Situation bewertet – ob er seine Aufmerksamkeit auf das richtet, was er noch gerne hätte, oder ob er das, was ist, genießt. Wenn Sie sich erst dann gestatten, glücklich zu sein, wenn Sie alle Probleme gelöst haben, werden Sie nie glücklich sein. Wenn Sie glauben, bestimmte Voraussetzungen zu brauchen, um glücklich zu sein, haben Sie auch kaum eine Chance. Wenn Sie aber Ihre Aufmerksamkeit darauf richten, was jetzt in Ordnung ist, dann steht Ihrem Glück nichts mehr im Weg! Und das ist in jedem Augenblick Ihre Wahl: Entweder hier zu sein und freudvoll zu leben - oder missmutig zu hoffen, dass das Morgen oder die Zukunft Ihre Wünsche erfüllt.

Das Glück im Jetzt zu erkennen, ist das wahre Glück. Es gibt keinen Weg zum Glück. Glücklich zu sein, das ist der Weg.

Eins werden mit seinem Tun, das lässt das Ego verschwinden. Ihr Selbst wird eins mit dem, was *ist,* und Sie erleben reines Glück. Wenn Sie wollen, dann geschieht es gleich jetzt. Überlegen Sie nicht und denken Sie nicht nach, sondern lassen Sie es einfach geschehen. Alles ist jederzeit da. Träumen Sie nicht nur davon, greifen Sie danach.

Die Botschaften des Körpers

Vielleicht wollen Sie ja auf die Sprache des Lebens hören, aber Sie denken, dass das Leben gar nicht zu Ihnen spricht? Betrachten wir einmal etwas genauer, auf welchen Ebenen und auf welche Art und Weise das Leben zu uns spricht. Schauen wir einmal auf die Botschaften des Körpers, denn er gibt uns beständig Hinweise, und durch ihn spricht das Leben oft am deutlichsten zu uns. Im Moment fühlen Sie sich wohl oder unwohl, Sie fühlen sich leicht oder schwer, ausgeruht oder noch verschlafen. Sie fühlen sich wach oder müde, gesund oder krank, Sie haben Schmerzen an einer Stelle oder an mehreren und Sie fühlen sich stark oder leicht.

Kurzum: Wenn Sie sich den Zustand Ihres Körpers und Ihr Befinden ansehen, dann haben Sie ein ganzes Paket an Botschaften - in jedem Augenblick. Während Sie Ihr Bewusstsein darauf richten, kommt es darauf an, welchen Namen Sie "dem Geist in der Flasche" geben - und im gleichen Moment beginnt er zu wirken. Geben Sie ihm den Namen "Ich bin heute so kaputt", dann antwortet der

Geist: “Kein Problem, das lässt sich so einrichten.” Und dann spüren Sie, dass alles nur schwer ist und beschwerlich vorangeht.

Wie kann das sein? Was ist geschehen? Nun, Sie haben gerade als Schöpfer einen Auftrag gegeben, und der Geist führt ihn nach bestem Wissen und Gewissen aus. Sie fühlen sich dann wirklich kaputt, denn “Ich bin” ist das Schöpfungswort. *Ich bin* ist die Wirklichkeit, die Wahrheit und die ewige Gegenwart. Wenn Sie in genau diesem Bewusstsein sprechen, dann ist es ein Auftrag, eine Ursache und es geschieht.

Wie Sie sehen können, bekommen Sie zumindest auf der Ebene des Körpers beständig Botschaften. Ja, Ihr Körper zeigt Ihnen sogar in jedem Augenblick ein Spiegelbild Ihres Bewusstseins. Ändern Sie Ihr Bewusstsein, spiegelt der Körper Ihnen das wider.

Auch eine Krankheit ist eine Botschaft, nämlich ein Versuch des Körpers, eine vorhandene Disharmonie in unserem Leben aufzuzeigen. Ein Symptom ist also immer nur ein Hinweis auf ein Problem, das nicht gelöst wurde.

Wenn wir eine Botschaft nicht beachten, schickt uns das Leben etwas, um uns geradezurücken. Der Schmerz kann hier sehr hilfreich sein. Kein Mensch leidet gerne, also wird er zum Handeln gezwungen. Körperliche Reaktionen wollen uns also auf etwas aufmerksam machen. Wird die Botschaft allerdings nicht befolgt und stets ignoriert, dann kann auch der Tod eine Botschaft sein.

Doch so weit braucht es nicht zu kommen, wenn wir damit beginnen, achtsamer zu sein. Wann immer wir Schmerzen haben, haben wir eine Botschaft übersehen. Alles ist immer nur eine Botschaft: Reaktionen, Aussehen, Gesten, Verhalten, Symptome und so weiter.

Eine Botschaft auf der Ebene des Körpers besteht immer aus drei Teilen:

1. dem Ort der Erkrankung,
2. der Art der Erkrankung und
3. dem Zeitpunkt der Erkrankung.

Die Sprache des Körpers zu verstehen, ist eigentlich ganz einfach. Hier ein paar Beispiele:

Nacken- beziehungsweise Rückenschmerzen: Was sitzt mir im Nacken? Welche Last ist mir zu schwer? Welchen Ballast trage ich mit mir herum? Bei Problemen sollte man sich fragen: Was kann ich nicht mehr tragen oder ertragen?

Was kann ich tun? Ich stelle mich der Situation und beginne damit, nicht mehr dagegenzusteuern. Schmerzen entstehen durch Widerstände. Dies bedeutet, dass man mit Situationen, Gegebenheiten oder Umständen nicht einverstanden ist. Muss ich einverstanden sein? Der Schmerz spiegelt mir einen Schwachpunkt. Er zeigt mir ein Fehlverhalten auf, das ich dadurch erkennen kann. Das unbewusste Dagegensteuern ist ein Kampf, den der Mensch überhaupt erst einmal bemerken muss. Also sehen Sie hin, was sich jetzt zeigt. Es geht nicht darum, was Sie wollen, sondern darum, dem, was jetzt hier ist, Ihre ganze

Aufmerksamkeit zu schenken. Dies ist das zentrale Thema Ihres Lebens.

Probleme mit den Augen: Was will ich nicht sehen? Wo bin ich unein-SICHTIG, kurz-SICHTIG und unklar? Was trübt meine Sicht? Wer das Herz über den Verstand stellt, wird ganz schnell ein-SICHTIGER sein.

Was kann ich tun? Sich dem Augenblick zu stellen und hinzusehen, braucht Mut. Oft sehen wir die Dinge aber auch nicht, weil wir gedanklich so beschäftigt sind. Wir befinden uns ständig in der Zukunft oder in der Vergangenheit. Wann beginnen wir damit, im Augenblick zu verweilen? Sich vor den Dingen zu verschließen, ist keine Lösung. Nur wenn wir uns ihnen stellen, kann daraus Klarsicht entstehen.

Der getrübte Blick existiert nur in der persönlichen Sichtweise. Gehen wir aber in eine tiefere Wahrnehmung, können wir die Dinge klarer sehen. Wir sehen durch die äußeren Erscheinungsformen hindurch und erkennen alles als die eine Essenz, die wir in Wirklichkeit selbst sind. Dies geschieht, wenn wir uns nicht mehr vor unserer eigentlichen Identität verschließen. Öffnen Sie sich! Wie? In der Stille wird es Ihnen gelingen.

Blasenprobleme beziehen sich immer auf Zwischenmenschliches. Familiäre oder partnerschaftliche Entzündungsherde spiegeln sich in der Blase. Bei Blasenstörungen lässt man Vergangenes nicht los oder steht “unter Druck”.

Was kann ich tun? Ich beginne damit, das Leben zu durchschauen. Bisher sah ich die anderen beziehungsweise mein Gegenüber als etwas von mir Getrenntes. Jetzt sehe ich etwas genauer hin und beginne damit, in Erwägung zu ziehen, dass der andere vielleicht gar nicht so anders ist. Vielleicht wohnt er in einem anderen Körper, aber ist er schlussendlich nicht doch dasselbe wie ich? Wie erklärt man das? Gar nicht! Man muss es selbst erfahren. Diese Erfahrung können Sie nicht wollen. Sie brauchen sie auch nicht zu suchen, weil sie nirgends zu finden ist. Es geht darum, über Begrenzungen hinauszuwachsen und den Horizont zu erweitern. Auch wenn Ihnen Menschen oder Objekte gegenüberstehen - das, was Sie sehen, ist nicht die eine Wirklichkeit. Natürlich können Sie es über die Augen filtern, doch da ist etwas viel Tieferes, das Sie nur mit Ihrem Herzen erfassen können. Erst wenn Sie sich als das Eine im anderen entdecken, werden auch Blasenprobleme der Vergangenheit angehören.

Herzinfarkt: Kopflastigkeit. Man muss mehr auf sein Herz, seine Gefühle hören. Durch innere Blockaden kann das Leben nicht ungehindert und frei fließen.

Was kann ich tun? Ich werde ein Liebender sein. Wenn ich mich selbst mag, mag ich auch das Leben. Jedes vermeintliche Problem fängt immer bei einem selbst an. Wie wollen Sie die anderen lieben, wenn Sie sich selbst nicht mögen? Alles, was Sie an anderen kritisieren, ist schlussendlich Selbstkritik. Verurteilungen und Wertungen machen hart. Härte bedeutet Lieblosigkeit, und Lieblosigkeit wirkt sich unweigerlich auf das Herz aus.

Okay, man sollte sich also selbst mögen. Doch kann man das? Kann man sich mögen, wenn einen so vieles stört? Nein, Sie können sich als Mensch nicht mögen, solange Sie in der Persönlichkeit verhaftet sind. Solange Sie glauben, der Körper zu sein, werden Sie auf allen Ebenen mit Schwierigkeiten konfrontiert werden. Warum? Damit Sie erkennen, dass Sie nicht das sind, wofür Sie sich halten. Sie können aber eines Tages sicherlich das lieben, was Sie in Wirklichkeit sind, und das ist das unveränderliche Eine.

Krebs: Man gestattet, sich von realitätsfremden Programmen leben zu lassen. Man wird von Eltern, dem Partner, dem Vorgesetzten, der Familie, dem Umfeld und so weiter gelebt und untergräbt systematisch seine eigenen Bedürfnisse.

Was kann ich tun? Krebs kann hunderte Ursachen haben, und doch ist es in erster Linie Unwissenheit, die uns krank werden lässt. Doch diese Unwissenheit spielt nicht auf den Verstand an. Die Unwissenheit, von der ich hier spreche, ist die: Wir haben vergessen, was wir sind. Dieses Vergessen ist wohl die einzige "Schuld", die das Leben kennt. Wie wenden uns den ganzen Tag Dingen zu, die nichts mit uns zu tun haben. Wir kümmern uns um unser Leibeswohl, unsere Zufriedenheit und allerlei Eitelkeiten. Grund genug, dass der Körper Botschaften aussendet. Er macht uns darauf aufmerksam, dass wir uns wieder um uns selbst kümmern sollten, anstatt uns in Oberflächlichkeiten zu verlieren.

Depressionen: Rückzug der Seele. Ein Zeichen dafür, dass das eigentliche Wesen missachtet wird. Das Leben hat keinen Sinn. (Der einzige tiefe Sinn ist es, sich als Seele zu erfahren.)

Was kann ich tun? Dieser Rückzug der Seele endet in der Folge in Selbstmitleid. Wer sich ständig mit seinem Desaster auseinandersetzt, darüber nachdenkt und es nährt, wird in der Depression versinken. Es ist kein Leichtes, diese Phase hinter sich zu lassen, denn jeder empfindet diese tiefe Traurigkeit anders. Es ist ein Hilferuf, ein Verlorensein, eine Art Ausweglosigkeit, die uns die Luft zum Atmen nimmt und uns nicht mehr klar denken lässt. Genau genommen ist es ein Gefühl des Abgeschnittenseins von der Quelle, dem All-Einen. Vor lauter Dunkelheit sieht man das Licht nicht mehr. Doch vergessen Sie nie: Das Licht ist immer da, auch wenn Sie es nur schwach oder gar nicht wahrnehmen können. Geben Sie nie auf und blicken Sie nie zurück, das wird bereits sehr hilfreich sein. Bleiben Sie gedanklich im Hier und Jetzt. Schweifen Sie nicht ab. Auch wenn der Augenblick noch so düster erscheint, er geht vorbei. Mit Sicherheit!

Gelenk- oder Knieprobleme: Wo bin ich nicht beweglich? Wo gehe ich nicht voran? Wo komme ich nicht vorwärts?

Was kann ich tun? Wer im Geist unbeweglich ist, wird es auch körperlich sein. Daher: Bewegen Sie sich über Ihr Denken hinaus. Bleiben Sie nicht im Gedachten stecken. Wo kommt das Denken her? Entdecken Sie seine Ursache, seinen Kern - und alle Unbeweglichkeit endet.

Gesundheit bedeutet "bewusst leben"

Machen wir uns zuerst bewusst, was uns unser Körper zu berichten hat. Über die Sprache der Organe und die Sprache der Symptome bekommen wir die Information, was zu tun ist, damit wir gesund sein können. Wir sind von Natur aus gesund. Das ist unser wahres Sein. Unser Selbst kann nie krank werden, es kennt keine gesundheitlichen Störungen. Wenn wir also im Außen hier und dort Schmerzen und Symptome bekommen, dann zeigt uns das, dass wir nicht wir selbst sind, sondern dass wir in Trennung von uns selbst leben. In diesem Falle haben wir über die Sprache des Lebens die erste Botschaft bekommen. Wann immer ich nicht vollkommen gesund bin, sagt mir das Leben auf seine Weise: "Du bist nicht du selbst. Du bist nicht der, der du wirklich bist, denn sonst wärst du vollkommen gesund." Über die Art des Symptoms teilt uns das Leben auch gleich mit, wo wir uns von uns getrennt oder was wir falsch gemacht haben, damit wir es wieder ändern können.

Wahres Sein schließt Gesundheit mit ein. Unser Selbst kann nicht krank werden, es kennt keine gesundheitlichen Störungen.

Da wir uns über den Körper definieren, werden wir krank. Schmerzen, die zum Beispiel über den Rücken und die Schulter bis hoch in den Kopf ziehen und starke Kopfschmerzen verursachen, stehen für Verantwortung. Ein Mensch mit diesen Symptomen hat sich sehr viel Verantwortung aufgeladen und zweifelt daran, dass er alles bewältigen kann, weil er sich womöglich übernommen hat. Zweifel bedeutet, dass wir aus der Einheit herausgehen und in die Dualität (Zweiheit) treten. Auf der einen Seite kann dieser Mensch der Verantwortung gerecht werden, auf der anderen Seite fragt er sich, warum er sich so viel aufgeladen hat. Solange ein Mensch in diese Trennung (Zweiheit) geht, kann die Kraft nicht gerichtet wirken. Er ist nicht vollkommen überzeugt davon, auf dem richtigen Weg zu sein, und deswegen macht ihm sein Rücken Schwierigkeiten.

Die Wirbelsäule ist für unsere Haltung verantwortlich, da Rücken und Rückgrat mit unserer geistigen Haltung zu tun haben. Haben wir also Rückenschmerzen, dann zeigt uns dies, dass wir unsere Haltung infrage stellen, dass wir zweifeln und nicht ganz einverstanden sind. Somit sind wir schon wieder in der Trennung, und dadurch staut sich die Energie - sie kann nicht frei fließen. Dies äußert sich als Symptom über Kopfschmerzen.

Der Kopf ist die Zentrale des Menschen. Dort fließt alles zusammen. Haben wir Kopfschmerzen, ist dies auch ein Hinweis darauf, dass wir uns den Kopf zerbrechen und uns zu viele Gedanken machen. Alles Zuviel bedeutet dann eine Störung, und der Körper äußert dies in Form von Symptomen oder über ein Organ (die Stelle, die sagt, was zu tun ist). In unserem Beispiel bedeutet das für Menschen mit Kopfschmerzen, dass sie eine Entscheidung treffen sollten. Wenn man *ja* sagt, braucht man schließlich nicht mehr darüber nachzudenken. Das macht den Kopf frei, und die Kraft kann wieder fließen. Wenn man dagegen feststellt, dass man sich übernommen hat, kann man die Umstände ändern.

Mit der Botschaft, die wir erhalten, kommt stets auch die Alternative. Wenn wir über die Sprache des Lebens - ganz allgemein - eine Botschaft bekommen, haben wir immer zwei Möglichkeiten: Entweder sind wir mit der Situation einverstanden und sagen wirklich ja, dann fließt die Kraft und der Zweifel verschwindet. Sind wir nicht damit einverstanden, dann machen wir uns bewusst, wie die Situation sein sollte und ändern sie. An diesem Punkt könnte der Verstand protestieren und sagen: "Ich würde ja gerne etwas ändern, aber das geht nicht, *weil* ..." Der Verstand präsentiert uns dann ein Weil. Aber ein Weil ist immer eine Ausrede. Wir finden viele Weils, weshalb wir nicht zu einer Lösung kommen können. Wenn wir all diese Gründe aber einmal beiseitelassen, uns überlegen, wie eine Situation idealerweise sein könnte, und dies dann als Maßstab nehmen, dann stimmt das genauso.

Also halten wir fest: ***Wir alleine schaffen unsere Lebensumstände - sonst niemand.***

Wenn wir die Umstände nicht selbst in die Hand nehmen, ändern sie sich nicht. Die erste Botschaft ist also, dass wir die Verantwortung für unser eigenes Leben, unser Schicksal, übernehmen sollten. Ich habe unzählige Patienten und Klienten befragt, was sie anders machen würden, wenn sie ihr Leben noch einmal von vorne beginnen könnten. Die meisten von ihnen hatten gleich eine lange Liste mit Dingen parat, die sie falsch gemacht hatten. Daraufhin stellte ich immer die gleiche Frage an sie, nämlich was sie daran hindert, diese Punkte zu ändern ...

Wir haben in jedem Augenblick die Wahl. Wenn wir erkennen, dass wir uns "verwählt" oder irgendetwas falsch gemacht haben, ist es nicht unbedingt ein Fehler. Alleine die Erkenntnis, dass wir etwas verkehrt gemacht haben, ist ein wichtiger Lernschritt, der uns zeigt, dass wir jederzeit etwas ändern können. Und was möchten Sie in Ihrem Leben ändern? Ihren Beruf? Ihre Hobbys? Ihre Partnerschaft? Ihre finanzielle Situation? Ihre Gesundheit? Über die Sprache der Lebensumstände zeigt Ihnen das Leben, was Sie geschaffen haben, und es fragt Sie gleichzeitig, ob Sie das auch wirklich so wollen. Falls nicht, wie sollte es aussehen? Sie haben die Wahl!

Wenn wir Botschaften bekommen, sollten wir uns also zunächst darüber klar werden, *was* wir genau wollen. Viele Menschen erreichen nicht, was sie wollen, weil sie es nicht kennen und keine Ahnung haben, was ihr Auftrag, ihre Berufung oder ihr Lebensinhalt ist. Die meisten Menschen wissen nur, was sie *nicht* haben wollen. Doch wenn Sie erkennen, was Sie *nicht* haben wollen, dann ist das ein erster Schritt - und dieser lässt sich sofort in ein "*Wie hätte ich es denn gerne?*" umleiten. In diesem Fall stehen Sie vor einer Entscheidung. Immer bietet diese Entscheidung sofort zwei Alternativen - zwar mit vielen Spielarten und Möglichkeiten, aber im Grunde genommen gibt es stets nur zwei Richtungen:

Entweder Sie sagen ja zu den Gegebenheiten, die Sie geschaffen haben, lassen die Zweifel verschwinden, richten Ihr Bewusstsein auf Ihre Lebensumstände und stehen dazu.

Oder Sie kommen zu der Erkenntnis, dass es so nicht weitergehen soll und dass Sie es gerne anders hätten. Besser noch: Sie erkennen, wie die Umstände sein müssten, damit es für Sie stimmt. Im diesem Fall fragen Sie sich dann am besten gleich: "Wie würde es denn stimmen? Wie wäre alles ideal?"

Wenn Sie zum Beispiel in Zukunft Streit vermeiden möchten, dann entscheiden Sie sich einfach dafür, nie mehr zu streiten. Zum Streiten gehören immer zwei, und wenn Sie nicht mehr mitmachen, dann kann der andere streiten, so viel er will - mit Ihnen gelingt es ihm jedenfalls nicht. Streit verschwindet plötzlich aus Ihrem Leben.

Egal um welche Lebensumstände es auch geht - es liegt immer an uns selbst. Wir sind der Schöpfer unseres Lebens, und alles liegt in unserer Hand. Doch viele Menschen trauen sich nicht mehr zu träumen. Sie wissen gar nicht mehr, was sie wollen, weil sie unbewusst der Meinung sind, dass sie das, was sie sich wünschen, sowieso niemals bekommen werden. Wenn Sie also nicht mehr genau wissen, was Sie wollen, fangen Sie am besten beim Negativen an, denn das fällt jedem ganz leicht ein. Fragen Sie sich in einem ersten Durchgang, was Sie *nicht wollen*. Was möchten Sie nicht mehr in Ihrem Leben haben? Also: Was möchten Sie ändern.

Die Sprache des Lebens übersetzen

Viele Menschen haben den Wunsch, ihre Gesundheit zu verbessern. Eins vorweg: Es ist dabei enorm wichtig, dass wir uns vorstellen, welchen idealen Zustand wir uns wünschen. Beispiel: Anstatt zu sagen: "Ich möchte keine Kopfschmerzen mehr", sagen wir besser: "Ich möchte, dass mein Kopf klar und frei ist, dass ich konzentriert denken kann."

Doch was will das Leben uns damit sagen, wenn wir Schmerzen haben? Ich möchte an dieser Stelle nochmals auf zwei häufige körperliche Beschwerden und ihre Übersetzung eingehen.

Rückenschmerzen

Symptome sollten wir ernst nehmen. Nicht nur, damit es uns besser geht, sondern auch um die geistige Fehlhaltung zu korrigieren, die sie erst hat entstehen lassen. Auch wenn ich mit Rückenschmerzen "ganz gut leben kann", habe ich trotzdem eine (geistige und körperliche) Fehlhaltung. Somit werden die Lendenwirbelsäule und die Halswirbelsäule irgendwann Schwierigkeiten machen, und es ist garantiert, dass Schulterprobleme dazukommen, weil wir gewisse Dinge nicht mehr ertragen *sollen*. Die Frage, die wir uns hier stellen sollten, ist folgende: Wo kann ich meine Haltung im Leben optimieren?

Niedriger Blutdruck

Ein niedriger Blutdruck heißt übersetzt "ungenügende Aktivität", ich packe die Dinge nicht an. Es könnte sein, dass Sie einen niedrigen Blutdruck haben und sagen: "Nein, das kann unmöglich der Grund für meinen niedrigen Blutdruck sein, ich gebe so viele Kurse, schreibe Bücher, halte Vorträge, mache mein Haus sauber, erziehe die Kinder ... Mehr kann ein Mensch gar nicht tun!" Trotzdem können Sie eine Kreislaufschwäche haben. Übersetzt heißt dies, es gibt irgendetwas Wesentliches in Ihrem Leben, vor dem Sie sich drücken möchten. Etwas, das Sie nicht anpacken wollen, vermutlich eine Sache, die schon längst hätte geändert werden sollen. Viele Menschen mit einem niedrigen Blutdruck flüchten sich in solch einer Situation in die Aktivität und beweisen sich, dass sie ja schon mehr tun, als sie ertragen können.

Aber eine Folge von niedrigem Blutdruck ist, dass man noch träger wird. Es ist wie ein Teufelskreis, eine Spirale, die nach unten geht. Man rafft sich auf, doch dies genügt einfach nicht, es ist noch mehr Aktivität gefragt. Doch ist die körperliche Ebene träge (die ja nur ein Aspekt des Lebens ist), ist es auf den anderen Ebenen genauso. Wäre man auf der geistig-seelischen Ebene beweglicher, wäre man - allein durch den beweglichen Geist - auch körperlich aktiv! Sind wir also körperlich unbeweglich und träge, gibt es auch im seelisch-geistigen Bereich etwas, das wir bisher nicht bewegen beziehungsweise erledigen wollten.

Eine Möglichkeit für niedrigen Blutdruck ist auch, dass wir uns nur zum Teil leben und irgendwo in bestimmten Lebensbereichen nicht mehr richtig im Fluss sind. Vermutlich sind wir in Gewohnheiten erstarrt, haben uns vielleicht zu sehr an den Partner angepasst und keiner von beiden bekommt, was er eigentlich braucht. Vielleicht haben wir zu viele Kompromisse geschlossen, auch wenn wir uns ganz gut arrangiert haben - doch wahres Leben sieht anders aus. Selbst wenn wir als Single leben, haben wir uns vermutlich mit unseren Gewohnheiten und unseren Ansichten arrangiert. Dann sind wir nicht mehr im Fluss des Lebens, sind nicht mehr beweglich, nicht mehr flexibel und nicht mehr frei. Der Spielraum, in dem wir uns täglich bewegen, wird immer enger - und das lässt das Leben nicht mehr zu. Deswegen schickt es uns Botschaften (in diesem Fall die Botschaft des Körpers). Nun wissen wir genau, was zu tun ist. Wir besitzen die Information, haben die Erkenntnis gewonnen und sollten nun die Konsequenz daraus ziehen. Denn der nun entscheidende Schritt ist, auch wirklich in die Handlung zu gehen. Das Wissen sollte nicht nur im Kopf sein, sondern auch umgesetzt werden.

Wie wir unser Leben selbst heilen können

Wer selbst stimmt und authentisch ist, der wird auch mit dem Leben einverstanden sein. Wenn etwas nicht stimmt, sollten wir uns bemühen, auf die Botschaften des Lebens und insbesondere auf die des Körpers zu achten. Krankheit betrifft nämlich nicht nur den Körper, sondern immer alle Aspekte unseres Lebens. So ist nicht nur mein Körper zu heilen, sondern auch meine Beziehung, die berufliche und finanzielle Situation und meine persönliche Entwicklung. Dazu ist es nicht nur erforderlich, die notwendigen Schritte zu tun, wir sollten vor allem unsere energetische Signatur entsprechend verändern und optimieren. Das heißt, dass wir selbst die richtige Ursache sein sollten, also beispielsweise auch uns selbst ein guter Partner sein sollten. Dann beginnen wir damit, unser ganzes Leben zu renovieren.

Die Schritte dazu:

1. Schritt: Das Ärgern verlernen.
2. Schritt: Alles loszulassen, was nicht mehr wirklich zu uns gehört.
3. Schritt: Stress vermeiden.
4. Schritt: Angst und Aggressionen auflösen.
5. Schritt: Sich selbst ganz neu erfinden.
6. Schritt: Gedanken sein lassen, loslassen, weglassen.
7. Schritt: Sich wahrnehmen.
8. Schritt: Sich selbst entdecken.
9. Schritt: Innehalten.

Sich selbst neu erfinden heißt, dass wir die Eigenschaften annehmen, die jetzt zu uns gehören. Damit schaffen wir uns zuerst ein Erwachsenen-Ich und danach ein spirituelles Ich. Die geistigen Kleider werden somit ständig der Entwicklung angepasst. Dies ist ein lebenslanger Prozess, mit dem wir ganz ohne Hilfe von außen sofort beginnen können.

Mit Motivation und positiver Sicht in ein neues Leben

Veränderungen möchte jeder, aber kaum jemand weiß, was dazu notwendig ist. Wie gelingt uns dieser Schritt von "sollen" zu "tun"? Durch unsere Botschaften wissen wir ja, an was es uns fehlt. Veranlassen Sie also unbedingt, dass das, was Sie erkannt haben, entweder losgelassen wird oder Raum bekommt, um sich entfalten zu können. *Motivieren Sie sich!* Wünschen Sie sich mehr Energie? Dann sagen Sie nicht: "Ich wünsche mir mehr Energie!" Oder: "Ich will mehr Energie haben!" Denn diese Sätze entspringen dem Mangelbewusstsein. So machen Sie es richtig: "Ich habe mehr Energie." "Jetzt darf ich voller Energie und Tatendrang sein." Oder: "Ich erlaube mir jetzt, energiegeladen durch den Tag zu gehen."

Bequem durchs Leben?

Oft geht es Menschen mit ihrer Krankheit ganz gut. Sie treten auf der Stelle, nichts im Leben wird verändert. Komischerweise funktioniert dies in manchen Fällen sogar eine Zeit lang reibungslos. Aber nur so lange, bis es dem Leben dann doch zu lange dauert und es "Nachhilfeunterricht schickt", um etwas in Bewegung zu setzen.

Bei manchen Menschen wäre eine frühere Ermahnung noch ohne Wirkung geblieben. Man kann beobachten, dass Menschen, deren Bewusstsein noch nicht sehr erwacht ist, oft gesund sind, obwohl sie rauchen, trinken und wenig schlafen und sich auch sonst wenig um ihre Gesundheit kümmern. Sie stören sich einfach nicht daran. Wir können davon ausgehen: Je mehr sich ein Mensch an etwas stört, desto mehr Bewusstsein ist da, und je mehr Bewusstsein vorhanden ist, desto mehr Störung wird hervorgerufen.

Ein höheres Bewusstsein zwingt uns also, unser Bewusstsein zu klären, neu auszurichten und richtig damit umzugehen. Wir können diesen Entwicklungsprozess nicht vermeiden, sondern nur verzögern. Wir könnten uns eventuell für dieses Leben "freinehmen", uns sagen, dass wir eben etwas einfacher gestrickt sind und uns deswegen um nichts zu kümmern brauchen. Rein theoretisch könnte es sogar funktionieren, so wie man sich durch einen Schultag mogeln kann. Man kann die Schule auch eine Woche lang vernachlässigen, doch irgendwann kommt eine Klassenarbeit, die Versetzung steht bevor und man ist gezwungen, sich der Prüfung des Lebens zu stellen.

Achten Sie darauf, was Ihnen das Leben sagen will, denn es weiß bestens, was Ihnen dient.

Die Physiognomie

Es gibt auch Hinweise, die ganz offensichtlich sind. Die Botschaften des Körpers teilen sich natürlich auch über unser Aussehen, unsere Physiognomie, mit. Jede Form hat eine bestimmte Botschaft: die Form Ihrer Nase, Ihrer Stirn, Ihrer Ohren, Ihres Mundes, Ihrer Augen, Ihre Haltung, Ihr Gang sagt etwas über Sie aus und so weiter. Wenn Sie diese Dinge richtig lesen können, werden Sie im Gesicht anderer Menschen viele Botschaften erkennen. Ein Blick in den Spiegel zeigt Ihnen zudem auch Ihren eigenen Charakter.

Haben Sie beispielsweise einen breiten Kopf, oder wirkt er eher schmal? Schauen wir einmal in die Tierwelt, was das bedeutet. Alle Raubtiere besitzen einen breiten Kopf: von der Katze über den Königstiger bis hin zum Haifisch. Beutetiere wie zum Beispiel Hasen, Antilopen, Giraffen und alle Tiere, die flüchten, haben dagegen einen schmalen Kopf. Sind Sie also eher ein Beute- oder ein Raubtier? Wenn wir nun an die Eigenschaften von einem "Schmal-" oder "Breitkopf" denken, könnte man leicht annehmen, dass "Schmalköpfe" das Nachsehen haben, weil sich "Breitköpfe" so gut mit Kraft durchzusetzen wissen. Aber wenn Sie zum Beispiel erkennen, dass Sie ein "Schmalkopf" sind, dann wissen Sie auch, dass Sie nicht in dieses Leben gekommen sind, um sich durchzusetzen. Ihre Aufgabe ist dann eine andere. Und mit dem Kopf durch die Wand zu gehen, ist ohnehin nicht immer gefragt. "Breitköpfe" können zwar mit viel Kraft etwas durchsetzen, doch Widerstand steht auch für Unnachgiebigkeit und Härte und muss nicht unbedingt von Vorteil sein.

Es kommt vielmehr darauf an, wie weise der Mensch ist, der etwas durchsetzt.

Handelt es sich um einen Egoisten, der einfach nur nimmt, was er bekommen kann? Dann agiert er sehr kurzsichtig. Denn mit allem, was er durchsetzt, setzt er eine Ursache, die eine Wirkung nach sich zieht. Wenn ein "Breitkopf" aber um diese Dinge weiß, verhält er sich vielleicht klüger und wird seine Durchsetzungskraft sinnvoller anwenden. Er wird dann zum Beispiel einem "Schmalkopf" helfen, sich durchzusetzen. Entdeckt dagegen eine Frau mit schmalem Kopf die Stärke der Hingabe, kann es sein, dass sie "einen Berg von Mann", der einen breiten Kopf hat, dirigiert. Wenn sie stark genug ist, schafft sie es, sich über die Hingabe und Zuwendung durchzusetzen. Der Mann ist dann bereit, alles für sie zu tun.

Halten wir fest: Es kommt nicht darauf an, ob Sie einen schmalen oder breiten Kopf haben, dies zeigt Ihnen nur, welches Energiepotenzial Ihnen zur Verfügung steht. Als "Breitkopf" haben Sie die Durchsetzungskraft, als "Schmalkopf" haben Sie die Kraft der Hingabe und Liebe. Es ist also kein Nachteil, wenn Sie ein Mensch sind, der sich nicht so gut durchsetzen kann. Die Liebe ist eine große Kraft. Die Botschaft des Lebens heißt hier eigentlich nur: Sie haben für diese Inkarnation diese gewisse Lebensenergie mitgebracht. Machen Sie das Beste daraus!

Nachfolgend noch ein paar kleine Beispiele, damit Sie ein Gefühl für das Lesen von Körpermerkmalen bekommen. Haben Sie schon einmal Ihre Ohren genau betrachtet? Die Ohren lassen sich in drei etwa gleich große Zonen einteilen. Von oben nach unten: die geistige, die seelische und die körperliche Zone. Welcher Bereich Ihrer Ohren ist ausgeprägter? Dies ist durchaus wissenswert. Manchmal ist es sehr hilfreich, wenn Sie erkennen, mit welchem Typ Mensch Sie es zu tun haben. Denn wenn Sie Botschaften im Gesicht erkennen können, können Sie sich unter Umständen viel Ärger ersparen.

Und wie steht es mit der Nase? Ist die Nasenkuhle sehr tief, haben Sie es mit einem Grübler zu tun. Ist die Vertiefung gar nicht vorhanden, grübelt der Mensch überhaupt nicht, er handelt sofort. Man kann im Übrigen nicht wirklich sagen, was besser ist, denn es gibt weder gute noch schlechte Zeichen. Hätten Sie eine tiefe Nasenkuhle und wären Sie ein Sportler, bei dem es auf schnelle Reaktionen ankommt (zum Beispiel ein Tennisspieler), dann würden Sie viel zu lange überlegen, wie Sie den Ball annehmen, und könnten nie wirklich erfolgreich sein. Wenn Sie aber wissenschaftlich tätig sind und eine "griechische" Nase haben, dann werden Sie nur schwer ein brauchbares Ergebnis erreichen, denn sie "bräuchten" sozusagen eine Kuhle zum Nachgrübeln. Doch wir sind nur ganz selten das eine oder das andere, und selbst Extreme haben immer ihre Stärken und Schwächen.

Die Sprache des Lebens teilt sich uns also auch über die Form des Körpers ständig mit, sie macht Persönlichkeit und Charakter sichtbar. Jeder Mensch trägt sein Gesicht ständig vor sich her, und beherrschen wir das Lesen der Physiognomie, sehen wir, um wen es sich handelt, welche Entwicklung er hinter sich hat und welches Potenzial in ihm steckt. Dann fällt uns der Umgang mit ihm leichter, und wir wissen bereits im Vorfeld, mit wem wir es zu tun haben und worauf wir achten sollten. Erkennen wir aber auch in uns, was unser Gesicht aufzeigt und in sich birgt, denn vielleicht sind wir uns vieler Dinge gar nicht bewusst. Genaueres Hinsehen und Hinfühlen werden uns dabei helfen, auch uns selbst ganz neu zu entdecken.

Stress: Wenn Körper und Seele zu sehr belastet sind

Stress hat man nicht, sondern man macht ihn sich selbst. Tritt irgendwo (vor allen Dingen im Berufsleben) ein Missverhältnis zwischen Sollen und Können auf, kommt es leicht zu physischem oder psychischem Stress. Ein solcher Zustand führt zu einer ständigen Alarmbereitschaft des Körpers, die durch die Hormone Adrenalin und Noradrenalin ausgelöst wird. Diese bewirken schlechte Laune, gestörten Schlaf, nervöse Unruhe, sie erhöhen den

Blutdruck und lassen das Herz schneller schlagen. Auseinandersetzungen mit unseren Mitmenschen, mit Vorgesetzten und Kollegen, Arbeit unter Zeitdruck, Angst, die Arbeit nicht pünktlich fertig zu bekommen, Schichtarbeiten und Arbeitszeiten, die dem Rhythmus des Menschen nicht entsprechen, ständiger Lärm, Arbeitslosigkeit, soziale Probleme, überreizte Situationen, Spannungen in Familie oder Partnerschaft und so weiter, das alles sind ebenfalls Gründe, warum es zu Stress und Überreaktionen kommen kann. Stress kann sich also zu einem dominierenden Problem entwickeln. Viele Menschen sind täglich unzähligen stressigen Situationen ausgesetzt, auf die der Körper auf Dauer keine andere Antwort als Krankheit findet. Durch unterdrückten Ärger werden zudem Aggressionen aufgestaut, diese gefährden die Gesundheit, Organe drohen zu erkranken.

Achten Sie daher auf die Alarmzeichen Ihres Körpers, denn er weiß bereits vor Ihnen, wann Sie etwas ändern sollten. Die Botschaften unseres Körpers auf Stresssituationen können vielfältig sein. Den folgenden körperlichen Reaktionen habe ich Affirmationen beigefügt. Lesen Sie diese gelassen durch, und nehmen Sie sich die Zeit, sie auf sich wirken zu lassen. Wiederholen Sie sie, und sprechen Sie sie laut und mit Gefühl. Erfreuen Sie sich dann an der wohltuenden Wirkung. Atmen Sie durch.

Angst: Die Zahl von Angstzuständen bis hin zu Panikattacken steigt momentan an. Existenzängste, Verlustängste oder verschiedene subtile Ängste sowie Lebensängste sind dabei die häufigsten Formen, unter denen Menschen leiden.

Affirmation: "Ich habe Vertrauen in den Lebensprozess. Das, was für mich stimmig ist, ist Teil meines Lebens. Ich nehme das Leben an und habe die Kraft hinzusehen. Stärke stellt sich ein, um in meinem Leben alles neu zu gestalten."

Affirmation: "Ich lasse die Vergangenheit in Frieden los. Ich bin fröhlich und frei. Ich vergebe mir, dass ich mein Leben zu einem Kampf gemacht habe. Alle Ängste dürfen jetzt von mir abfallen. Voller Liebe stehe ich vor ihnen und lasse sie friedvoll ziehen. Leicht löse ich mich von all dem Kummer und von dem, was nicht mehr zu mir gehört. Ich gebe alles frei. Ich gebe mich frei. Ich bin frei."

Blase: Die Blase vieler Frauen und Männer wird irritiert, denn die Blase ist das "Notsignal" bei zwischenmenschlichen Konflikten, die bei Stresssituationen immer wieder eine grundlegende Rolle spielen.

Affirmation: "Ich liebe das Leben, und das Leben liebt mich. Ich liebe mich und meine Mitmenschen. Ich bin die Kraft, die ich bin. Diese Kraft ist über alles erhaben und erkennt sich selbst in allen meinen Begegnungen. Ich vergebe mir, wenn ich andere verletzt habe in Gedanken, Worten oder Taten. Ruhe und Frieden durchströmen mich. Ich bin voller Vertrauen und Freude. Ich verneige mich vor meiner wahren Größe und segne alles Leben."

Burn-out: Nichts geht mehr. Alles ist zu viel. Es stagniert. Der Körper streikt und lädt zum Innehalten ein.

Affirmation: "Aufmerksam und voller Liebe begegne ich meinen Schwächen. Voller Dankbarkeit genieße ich diesen Augenblick, auch wenn er mir dunkel erscheint. Wellen voller Freude und Zuversicht durchströmen meinen Körper. Ich erkenne die Schönheit in allem, was ist. Alles, was ich tue, geschieht, weil es so sein soll. Wie es ist, ist es gut!"

Probleme mit den Haaren: Ständiger Stress verursacht Haarausfall. Die Haare stehen für die Fülle. Wer aber der Fülle hinterherläuft und sie vor lauter Arbeit und Gedanken nicht leben kann, wird durch Haarausfall darauf aufmerksam gemacht.

Affirmation: "Ich lebe in Fülle und Reichtum. Die Fülle ist da und tritt jetzt in mein Leben ein. Ich lasse sie fließen und freue mich über ihre bereichernde Anwesenheit. Diese Fülle darf sich jetzt auf alle Lebensbereiche ausdehnen. Ja, die Fülle ist jetzt da und begleitet mich. Danke dafür."

Probleme mit der Haut: Stress macht die Haut trocken und spröde. Juckreiz und Hautirritationen können auftreten. Wenn die Haut fahl wird oder Ausschläge zeigt, dann hat das auch etwas mit dem Umfeld (Kontakt nach außen) zu tun, an dem man sich womöglich reibt - und das zeigt sich als Hautirritation oder -reizung.

Affirmation: "Ich lasse den Stress hinter mir und gehe in die Leichtigkeit des Seins über. Alles geschieht zu seiner Zeit, und alles ist so, wie es ist, absolut in Ordnung. Meine Haut erstrahlt in dem hellen Licht, das in mir leuchtet. Dieses

Licht nimmt alle Schwere hinweg. Was bleibt, ist ein leichtes Dasein und grenzenlose Unbeschwertheit. Ich bin schön!"

Lungenprobleme: Atemprobleme können ebenfalls durch Stress entstehen. Bei Kindern kann dadurch sogar spastische Bronchitis ausgelöst werden. Wenn die Lunge "nach Luft schreit", dann sollte man sich in seinem Leben Luft machen. Fragen Sie sich: Was nimmt Ihnen die Luft zum Atmen? Und so vertrauen Sie auf die Urkraft, die das Atmen unterstützt:

Affirmation: "Ich weiß, dass alles da ist, was ich zum Leben brauche. Alles steht mir in grenzenloser Fülle zur Verfügung. Überflüssiges Tun lasse ich beiseite, ich fließe mit dem Lebensstrom. Er bringt mir jetzt die Erfüllung. Der göttliche Plan erfüllt sich für mich. Ich lasse es zu. Alles ist möglich, wenn der göttliche Wille es so bestimmt, und ich will es so, wie es für mich bestimmt ist. Dankbar nehme ich das Leben an. Alles ist gut. Alles ist eins. Alles ist!"

Probleme mit den Muskeln: Nervöse Zuckungen verstärken sich sowie das Zittern bei der Parkinson-Krankheit. Der Körper spiegelt so die Lebenssituation, die angespannt und hektisch ist. Muskelbewegungen können nicht nur stagnieren, sondern sich sogar verselbstständigen, wenn das Leben in eine falsche Richtung läuft.

Affirmation: "Ich lege die Kontrolle ab und lasse das Leben mein Leben lenken. Es weiß, wie es für mich bestimmt und gut ist. Ich vertraue in die höhere Vorsehung. Ich weiß, dass alles, was geschieht, einen Sinn hat. Ich gehe meinen Weg mit Mut, Kraft und Vertrauen. Mein Sein ist voller Licht und Freude. Ich freue mich auf jeden Tag, was er mir auch immer bringen mag, ich sage JA dazu."

Schlafstörungen: Schlechte Träume, unruhiger Schlaf, Probleme beim Einschlafen und in der Folge Konzentrationsschwierigkeiten - das alles sind ebenfalls häufige Folgen von Stress. Jede Nacht wird zum Desaster. Fragen Sie sich: Wo lässt Sie Ihr Leben nicht zur Ruhe kommen?

Affirmation: "Ich schaffe mir jetzt die Welt, in der ich mich wohlfühle. Ich begegne dem Leben mit Liebe. Jeder Tag ist einzigartig und schenkt mir neue Erfahrungen. Ich bin die Schöpferkraft, das eine Selbst. Ich spüre, wie sich unermessliche Freude und unbeschreibliche Leichtigkeit einstellen. Ich bewege mich - von jeglichen Störfaktoren befreit - voran und lasse mich nicht ablenken. Ich wachse jeden Tag über mich hinaus und gehe in friedvoller Stille zu Bett. Ich schlafe ruhig ein und tief durch. So Gott will, erwache ich ausgeruht in den Tag hinein. Das Leben ist schön!"

Probleme mit dem Verdauungsapparat: Magenschleimhaut- und Dickdarmentzündungen können ebenfalls durch Stress verursacht werden.

Affirmation: "Ich bin dankbar für meine Gesundheit. Ich spüre sie. Mehr und mehr ziehe ich die Gesundheit in mein Leben. Danke für die Heilung, die in mir geschieht. Sie heilt mich jetzt. (Konzentrieren Sie sich auf Ihre körperlichen

Disharmonien und sehen Sie, wie diese aus dem Körper heraus in den Erdboden fließen.] Danke für die Hilfe. Danke, dass ich gesund sein darf!"

Es gibt durchaus gesunden Stress, das ist ein idealer Spannungszustand für Körper, Seele und Geist. Ein zu geringer Spannungszustand kann sogar genauso schädlich sein wie ein zu hoher. Es gab da ein Experiment: Wissenschaftler haben Menschen gut dafür bezahlt, dass sie sich bewegungslos in einem schallisolierten Raum aufhielten. Der erste hat es nur eine gute halbe Stunde ausgehalten - und keiner der Probanden einen ganzen Tag lang. Spannungslosigkeit führt anfangs zu erhöhter Unruhe, die zunächst zur Entspannung führt, aber danach unerträglich wird. Wir brauchen also etwas "Stress", um gesund zu bleiben, vermutlich sogar, um überhaupt leben zu können.

Das Ideal ist aber wie immer die goldene Mitte. Denn gewöhnlicher Stress, der belastet und die Gesundheit gefährdet, zeigt Ihnen nur auf, dass Sie ganz falsch an eine Sache herangehen. Wenn wir uns ärgern oder ständig unter Druck stehen, ist das zudem nicht nur ein unangenehmes Gefühl, sondern in unserem Körper wird ein altes, inneres Programm aktiviert, und dieses bereitet uns blitzschnell wie vor tausend Jahren auf Kampf oder Flucht vor. Dabei reagieren wir mit unserer ganzen Person - mit dem Verstand, mit dem Gefühl, mit den Körperreaktionen und mit zielgerichtetem Verhalten. Zu viele belastende Situationen bringen uns völlig aus dem Gleichgewicht und führen früher oder später zu Störungen und Erkrankungen.

Stress ist nur völlig harmlos, wenn die mobilisierte Energie ausgelebt wird. Schädlich wird sie erst, wenn sie sich anstaut und ihr das Ventil fehlt, um entweichen zu können. Es wäre gut, wenn wir unsere angestauten Aggressionen immer wieder abreagieren könnten, doch wer ist schon so vernünftig, nach jeder stressigen Situation einen kleinen Waldlauf zu machen? So könnte sich die gestaute Energie auf natürlichem Weg entladen ...

Die Summe der Ereignisse, die ein Mensch in seinem Leben körperlich und seelisch verkraften muss (oder nicht verkraften kann), machen das Alter aus. Jede Situation, die zu einer Frustration führt, hinterlässt im Organismus eine Narbe, die nicht mehr beseitigt werden kann. Stress ist eine ernstzunehmende Fehlsteuerung, die den ganzen Menschen erfasst. Deshalb sollten Sie, wenn Sie etwas überreizt sind, daran denken, einen Ausgleich zu finden. Natürlich sollten Sie auch genauer hinsehen, wie sich dieser Stress vielleicht minimieren oder sogar ausschalten lässt. Vielleicht steht eine Veränderung an, die Sie bisher noch nicht gewagt haben?

Wenn Sie Ihre möglichen Ursachen für Stress erkannt haben, gibt es zwei Möglichkeiten, um ihn zu vermeiden:

1. Sie vermeiden in Zukunft die Situationen, die bei Ihnen Stress auslösen.
2. Sie finden zeitnah einen Weg, Ihr Verhalten in solchen Situationen zu verändern und erwünschte Gewohnheiten anzunehmen.

Machen Sie sich auf alle Fälle klar: Sie sind der Situation nicht machtlos ausgeliefert. Allein schon die Erkenntnis, dass Sie etwas ändern müssen, kann ganz vieles verändern.

Lassen Sie keine Situation zu, die Sie in Stress versetzen kann! ***Sie selbst bestimmen, wie Sie mit der Situation umgehen. Helfen Sie Ihrem Körper, angestaute Energien auszuleben!***

Wie Sie Stress erfolgreich abbauen können:

1. Regelmäßige Bewegung
   Entlasten Sie Ihren Körper durch Sport. Gut sind Joggen oder flottes Walking. Für eine optimale Wirkung sollte der Puls für mindestens zehn Minuten auf 130 gehalten werden; andernfalls ist der Reiz zu schwach und der Effekt gleich null. Da Stress den Körper auf Bewegung vorbereitet, ist Bewegung auch die beste Medizin. Wie jede Medizin wirkt Bewegung allerdings nur optimal, wenn sie regelmäßig praktiziert wird. Gönnen Sie sich eine Bewegungsart, die Ihnen wirklich Freude bereitet, denn die Freude an der Bewegung ist ein wichtiger Teil der Therapie. *Den Körper zu bewegen und im Gedanken unbewegt zu sein, ist Entspannung pur.*

2. Spontane sportliche Einheiten
   Sollte es einmal zu Stress kommen, warten Sie nicht bis zur nächsten Sporteinheit, sondern starten Sie sofort für ein paar Minuten. Bewegen Sie sich! Das kann zur Not auch am Schreibtisch geschehen.

3. Meditation
   Gönnen Sie sich meditative Entspannung. Nicht die Form der Meditation ist entscheidend, sondern das

Ergebnis. Es soll erreicht werden, dass sich der Körper durch die Entspannung wieder normalisiert. Versuchen Sie es durch ruhiges Atmen über einen Zeitraum von mindestens zehn Minuten oder durch eine Zeit des Schweigens. Halten Sie Gedankenstille, und versuchen Sie, wirklich anwesend zu sein. Wer gedanklich abschweift, ist in Gedanken in der Vergangenheit oder in der Zukunft. *Denken bedeutet, abwesend zu sein.*

4. **Den Blick schweifen lassen**
Lassen Sie Ihre Augen immer wieder auf einem ruhigen Bezugspunkt ruhen, schauen Sie in die Landschaft, auf eine Blume, auf ein beruhigendes Bild oder auf eine Buddhastatue, wenn Sie dazu eine Beziehung haben.

5. **Musik**
Hören Sie beruhigende Musik, ohne etwas anderes dabei zu tun. Lassen Sie nur so lange Musik auf sich wirken, bis Sie spüren, dass Sie wieder bereit sind weiterzumachen. *Musik ist eine Sprache der Seele, denn alles ist Klang.*

6. **Den Beruf als Berufung ausüben**
Prüfen Sie einmal sorgfältig, welche Tätigkeit Sie so erfüllen könnte, dass Sie sie mit Freude ständig ausführen könnten. Trauen Sie sich zu träumen, lassen Sie Ihrer Fantasie freien Lauf. Finden Sie Ihre Berufung, und haben Sie den Mut, Ihren Beruf zu wechseln, wenn Sie merken, dass Ihnen eine andere Tätigkeit mehr Spaß machen könnte. Als Belohnung erwartet Sie ein erfülltes Leben, in dem Sie sich auf jeden Arbeitstag freuen und

am liebsten täglich Überstunden machen möchten. *Wer nicht in Wochenenden und Urlauben denkt, hat seine Aufgabe gefunden.*

7. **Den eigenen Rhythmus finden**
   Auch wenn Sie Ihre Berufung zu Ihrem Beruf gemacht haben, sollten Sie Ihren eigenen Arbeitsstil finden. Wenn Ihr Chef mit Ihrem Rhythmus nicht einverstanden sein sollte, könnte dies ein Anlass sein zu prüfen, ob Sie nicht lieber selbstständig sein sollten.

8. **Tun Sie nie mehr als eine Sache gleichzeitig**
   Sollte es auch bei Ihrer Berufung unangenehme Tätigkeiten geben, dann wäre es gut, diese immer vor den angenehmen zu erledigen. Diese Form der Selbstbelohnung lässt Belastungen leichter ertragen. *Sich immer auf das, was man gerade tut, zu konzentrieren, spart zudem Energie.*

9. **Machen Sie sich bewusst, dass Ihre Einstellung maßgebend ist**
   Es gibt keine Belastungen. Probleme entstehen nur durch Ihre Einstellung dazu - und die können Sie ja ändern.

10. **Regelmäßige Pausen**
    Machen Sie trotz aller Freude regelmäßig eine kleine Pause! Gönnen Sie sich ein paar ruhige Minuten oder etwas anderes Schönes, bevor Sie eine neue Arbeit beginnen.

11. **Richtiges Atmen**
Bei erhöhten Belastungen hilft ein ruhiger und gleichmäßiger Atem sofort. Ganz tief Luft holen und ganz langsam ausatmen - das hört sich zwar simpel an, doch diese Technik ist bei jedem unerhört wirksam. Die meisten Menschen atmen viel zu flach. Eine besonders wirksame Atemtechnik ist (gegen den Widerstand der fast geschlossenen Lippen), durch die Nase ganz tief einzuatmen und durch den Mund auszuatmen. Dehnen Sie die Phase des Ausatmens immer weiter aus (mindestens bis zehn Sekunden - es können aber auch dreißig Sekunden werden). Atmen Sie aus, solange die Luft reicht, und beim nächsten Mal atmen Sie noch tiefer ein. Worauf es ankommt, ist die Dauer des Ausatmens. Dabei nicht anstrengen! Es soll mit Leichtigkeit geschehen.

12. **Richtiges Essen**
Bevorzugen Sie leichte, möglichst natürliche Kost und kleine Portionen! Notfalls auf mehrere kleine Mahlzeiten verteilen. Bis mittags möglichst nur Obst essen und Wasser trinken - aber nicht gleichzeitig, sondern mit einer halben Stunde Abstand dazwischen. Wenn Sie dann noch wenigstens zu einer Mahlzeit Gemüse oder Salat essen, haben Sie genügend Vitamine und Mineralstoffe zu sich genommen für den Tag.

13. **Ruheminuten**
Eine Viertelstunde Mittagsschlaf macht Sie wieder fit für die zweite Halbzeit. Doch auch eine Minute in

Stille, bevor Sie eine neue Arbeit beginnen, lässt Sie immer wieder zur Ruhe finden.

14. **Nutzen Sie jeden Moment, um abzuschalten**
Wenn Sie das Stockwerk wechseln, sollten Sie grundsätzlich nicht den Fahrstuhl benutzen, sondern die Treppe, auch wenn es zehn Etagen sind. Auch so entsteht eine kleine Pause, die sinnvoll mit Bewegung ausgefüllt wird. Gönnen Sie sich auch eine "Minipause" von etwa drei Sekunden, bevor Sie den Telefonhörer abnehmen, egal ob Sie angerufen werden oder selbst jemanden anrufen wollen. Nutzen Sie die drei Sekunden, um sich auf sich selbst zu besinnen.

15. **Machen Sie Urlaub**
Und zwar richtig! Nicht selten stopfen die Menschen ihre Urlaubszeit so voll, dass sie danach ein paar ruhige Bürotage brauchen, um sich zu erholen. Also bedenken Sie: Auch Urlaub machen will gelernt sein. *Am besten ist es, seine Arbeit nicht als Arbeit anzusehen, dann braucht man auch keinen Urlaub.*

16. **Geben Sie Ihrem Leben einen Sinn**
Fragen Sie nicht länger nach dem Sinn des Lebens, sondern geben Sie Ihrem Leben den gewünschten Sinn. Die Antwort, was denn nun der Sinn des Lebens ist, kann für jeden ganz anders ausfallen. Wichtig ist nur, dass Sie die Antwort befriedigt. Einen Sinn hat das Leben für alle: Es soll Freude bereiten. Wenn Ihnen Ihr Leben keine Freude macht, machen Sie etwas falsch

und sollten es ändern. Trennen Sie sich von belastenden Bekanntschaften und allem, was nicht mehr wirklich zu Ihnen gehört. Dann sind Sie frei - frei für das wahre Leben. *Lassen Sie los, was keine Freude macht, und wenn Sie das im Moment noch nicht können, dann ändern Sie Ihre Einstellung dazu.*

17. Bereiten Sie sich auf Ihr Alter vor

Wenn Sie Ihr Leben gründlich "entrümpelt" haben, überprüfen Sie einmal, ob Sie auf das Alter vorbereitet sind. Was verbinden Sie eigentlich mit dem Alter?

Positive Gedanken: Gelassenheit, Ruhe, Sicherheit, große Erfahrung, Weisheit, Souveränität, Abgeklärtheit, frei von Pflichten, schöne Erinnerungen, Zeit für sich selbst, Reife und Anerkennung und so weiter.

Negative Gedanken: Einsamkeit, Ausgeschlossensein, Isolation, Traurigkeit, Angst, Gebrechlichkeit, Krankheit, Frustration, Aussichtslosigkeit, freudloses Dasein, Interesselosigkeit, fehlende Anerkennung, fehlende Sexualität, Armut, Resignation und so weiter. Wenn Sie eher zur zweiten Kategorie neigen, gilt für Sie:

18. Erwarten Sie das Beste

Das Leben bietet uns im Wesentlichen das, was wir von ihm erwarten. Deshalb ist es wichtig, dass Sie geistig entrümpeln, dass Sie dem Altersstress vorbeugen, solange Sie noch jung sind, wenngleich es für diese Aktion nie zu spät ist. Denn sein Bewusstsein zu klären, ist eine Aufgabe jedes Alters. Entsorgen Sie aus Ihrem Leben, was nicht hineingehört, und füllen Sie es mit dem, was Ihnen Freude macht! Erwarten Sie vom Leben das Beste, und geben Sie sich nicht mit weniger zufrieden. Wenn Sie wieder einmal unter Stress stehen, machen Sie sich klar: Stress ist eine Sünde gegen das Leben selbst, gegen die Freude, das Lachen, die Liebe. Allein Sie haben es in der Hand, sich Ihre "Inseln der Behaglichkeit" zu schaffen, ganz egal auf welchen Platz das Leben Sie gestellt hat. Das Leben findet statt, ob Sie daran teilhaben wollen oder nicht. Überall wartet die Freude auf Sie! Nutzen Sie die Zeit, und leben Sie das Leben!

Fragen Sie sich bei allen auf Sie einstürmenden Sorgen und Problemen, was diese vom Standpunkt der Ewigkeit betrachtet wert wären ...

Die Botschaften des Miteinanders: Liebe und Zwischenmenschliches

Der Wunsch, bedingungslos geliebt zu werden

Wer wünscht sich nicht, Liebe zu erfahren? Jeder Mensch möchte gerne anerkannt und geliebt werden. Wir haben das ja alle mal in der Mutterliebe erfahren: Gaben wir einen Ton von uns, dann bekamen wir zu trinken. Niemand hat uns dafür in die Pflicht genommen; es gab dafür keine Verpflichtungen, keine Aufgaben und keine Verantwortung. Selbst wenn wir die Windeln vollgemacht haben, wurden wir von unserer Mutter geliebt. Wir haben dieses bedingungslose Angenommensein alle einmal kennengelernt und wurden geliebt für nichts - einfach nur für das, was wir waren. Wir wurden dafür geliebt, dass es uns gab.

Wir wollen weiterhin diese Liebe erfahren, und bewusst oder unbewusst laufen wir dieser Liebe ein Leben lang hinterher. Die Welt ist zwar voller Mütter, aber es ist nicht immer unsere. Die anderen Menschen sind uns gegenüber kritischer, und sie lieben uns nicht einfach so. Und dann lernen wir etwas, was sehr schade ist: Wir machen die traurige Erfahrung, dass man sich Liebe anscheinend verdienen muss. Also tun wir etwas dafür, damit andere uns lieben. Wenn man jung ist, hat man das Bedürfnis, in einer Gemeinschaft zu sein, gemocht und anerkannt zu werden. Dann verbiegt man sich oft, nur um diese Anerkennung zu bekommen. Das Gleiche tun wir dann auch oft in der Partnerschaft: Damit wir geliebt werden, zeigen wir uns von unserer Schokoladenseite. Wir duften verführerisch, unterhalten uns intelligent, wir sind zurückhaltend und höflich, wir kleiden uns modisch aber elegant und mit dem gewissen Pfiff. Wir tun sehr viel dafür, geliebt zu werden, und merken gar nicht, dass, selbst wenn alle Welt uns lieben würde, irgendwann irgendetwas fehlte: Es würde der wichtigste Teil fehlen - und zwar der Teil der Liebe, den wir haben wollen, für den wir uns am meisten interessieren.

Für den Teil der Liebe, bei dem wir etwas von uns geben müssen und bei dem wir selbst jemanden bedingungslos lieben, für den interessiert sich kaum jemand. Gut, wenn wir verliebt sind, dann zeigen wir diesen Teil schon mal. Doch in der Regel versuchen wir, von anderen geliebt zu werden. Wir erwarten, dass die anderen uns lieben, statt dass wir es selbst tun. Auch wird uns immer gesagt, wir sollten die anderen lieben. Stimmt das? Jetzt denken Sie sicher: "Ja, natürlich, das stimmt." Doch ich gehe noch einen Schritt weiter. ***Wir sollten den anderen nicht lieben, sondern erkennen, dass wir der andere sind.*** Haben wir uns als Bewusstsein im anderen und in allem erkannt, wen sollten wir da noch lieben? Wir sind die Liebe. Dies gilt es zu entdecken.

Liebe und Anerkennung von innen und außen

Warum brauchen wir so dringend Liebe von außen? Warum suchen wir Anerkennung? Die Antwort ist: Wir schaffen es nicht, uns selbst zu lieben und uns Anerkennung zu geben. Die Ursache, warum wir uns selbst nicht anerkennen, ist, dass wir uns selbst kaum kennen und nur wenig über uns wissen. Nur wenige wissen, wer sie wirklich sind. Dabei ist nicht die Vorstellung gemeint, die wir von uns haben, sondern das, was wir spüren, *das wir wirklich sind.* ***Sich selbst nicht zu lieben, ist kein Mangel an Gefühlen, sondern die Unwissenheit über unsere wahre Identität.*** Wenn wir uns nicht wirklich kennen, wie sollen wir uns dann anerkennen, geschweige denn lieben? Ich kann nur das lieben, was ich kenne, und wenn ich gar nicht weiß, wer oder was ich überhaupt bin, dann kann es auch nicht funktionieren. Aber in dem Augenblick, in dem wir unser wahres Selbst erkennen, uns als Bewusstsein erfahren und entdecken, dass wir nichts außer Liebe sind, lieben wir uns selbst - und es weicht auch die Trennung zwischen dem anderen und mir. Diese Trennung hat es ohnehin nie wirklich gegeben. Dann liebe ich nicht nur, sondern ich bin die Liebe. Wenn wir uns als Liebe erkannt haben und in uns ruhen, wird es uns zudem völlig egal sein, ob andere uns mögen oder nicht. Wenn wir in uns ruhen, können wir natürlich auch wieder auf den anderen zugehen, der uns früher vielleicht unsympathisch war. Und dann kann ich auch anderen helfen, wieder mit sich in Harmonie zu kommen. Sind wir jedoch selbst nicht in Harmonie, neigen wir dazu, einen Schuldigen für unsere Umstände zu suchen.

Früher, in biblischen Zeiten, hat man es sich ganz einfach gemacht: Einmal im Jahr feierte man ein Fest, nahm einen Schafsbock, erklärte ihn zum Sündenbock und warf alle Sünden des Volkes auf ihn. Der arme Kerl wurde für alles bestraft, obwohl er nichts dafür konnte, und das Volk war wieder von seinen Sünden befreit. In den Fürstenhäusern verlief es ähnlich: Fürstenkinder durften nicht geschlagen werden. Wenn man also in der Erziehung nicht weiter wusste, verprügelte man deren Spielkameraden, bis sie bluteten, damit die Fürstenkinder sich aus Mitleid zu ihren Freunden ein anderes Verhalten angewöhnten. Wieder hatte man einen Sündenbock gefunden. Ähnlich verhielt es sich mit den Hexenverbrennungen im Mittelalter. Wir Menschen wollen ja immer zum Licht streben, edel und gut sein - doch die dunklen Seiten in uns (die Seiten, die wir verdrängt haben und nicht anschauen wollen) projizieren wir allzu gerne auf jemand anderen - und dieser wird dann dafür bestraft. Wir alle haben noch irgendwo einen Rest von dieser "Sucht", die Schuld nach außen zu projizieren. Beispiel: "Wenn XY sich anders verhalten würde, dann müsste ich mich nicht ärgern." Wenn wir damit aufhören, die Schuld für etwas im Außen zu suchen, und erkennen, dass immer nur *ich* gemeint bin ...

Immer dann, wenn uns etwas am anderen stört, sind wir aufgefordert, selbst einen Schritt zu tun.

Und dieser Schritt ist kein Schritt in Richtung Liebe, sondern er entsteht aus ihr heraus. Wagen wir den Schritt, dann sind wir wirklich einen Schritt weiter - denn dann braucht es keinen Schuldigen mehr. Nicht einmal wir selbst sind schuld, auch wenn wir das glauben. Wir sind nur selbst für uns verantwortlich. Das ist ein ganz großer Unterschied. Ist jemand schuld, geht man davon aus, dass er etwas falsch gemacht hat, und man macht ihm Vorwürfe. Doch Sie haben noch nie etwas falsch gemacht. Alles, was Sie getan haben, war immer richtig. Selbst wenn Sie nach einiger Zeit erkannt haben, dass doch etwas falsch gewesen ist - dann mussten Sie diesen Fehler machen, um zu erkennen, dass es einen anderen Weg gibt. *Und genau deswegen kann es gar nicht falsch gewesen sein, denn: Wie sonst hätten Sie es erkennen sollen?* Wenn Sie den Fehler (der ja keiner ist) wiederholen, dann ist es übrigens auch nicht falsch, sondern nur dumm.

Bereits in der Kindheit haben wir die Weichen manchmal falsch gestellt. Die Mutter schickte uns in den Keller, um etwas zu holen, und wir entdeckten dort ein Marmeladenglas und konnten der Versuchung nicht widerstehen. Wir naschten aus diesem Glas, und irgendwann merkte es die Mutter und fragte uns, ob wir das gewesen seien. "Nein, das bin ich nicht gewesen", erwiderten wir, und schon hatten wir uns für die Lüge entschieden. Diese Entscheidung der Kindheit (und nicht nur diese) können wir jetzt überdenken und neu entscheiden. Wir haben in jedem

Augenblick die Wahl! Wenn Sie sich also Verhaltensmechanismen zugelegt haben, zu denen Sie heute nicht mehr stehen, dann legen Sie sie einfach ab! Machen Sie einmal Inventur, und schauen Sie nach, ob Ihr Verhalten heute noch stimmt und ob Ihre inneren Bilder in Ordnung sind. Wenn nicht, werfen Sie raus, was längst überholt ist und heute nicht mehr stimmt. Dann brauchen Sie keinen Schuldigen, und es gibt auch keine Vorwürfe mehr, denn dann übernehmen Sie selbst die Verantwortung für Ihr Leben.

Von diesem Augenblick an wird es uns zum Geschenk, denn jetzt haben wir in jedem Augenblick die Wahl. Wenn wir die Verantwortung übernehmen, dann können wir auch wieder wählen. Dann können wir ganz natürlich überprüfen, ob wir überhaupt so leben wollen wie bisher oder ob wir so sein möchten, wie wir sind. Wir achten nur noch darauf, welche Botschaften uns das Leben liefert, und entscheiden uns für den Weg, den wir gehen möchten. Wir haben immer die Wahl.

Eine ganz wichtige Botschaft – wenn uns im Außen etwas stört

Das Außen hat eine ganz wichtige Botschaft für uns. Egal, was uns im Außen berührt, bewegt oder stört: Es hat mit uns selbst zu tun! Das Außen erinnert uns immer nur daran, dass bei uns noch etwas zu tun ist und dass es Zeit ist, es anzuschauen. Die Kellerkinder, die wir in unseren Tiefen eingesperrt haben, klopfen an und wollen entdeckt werden. Immer dann, wenn uns etwas missfällt oder wenn wir uns wünschen, dass sich Menschen anders verhalten, klopft das Leben bei uns an und sagt: "Schau hin, es liegt bei dir!" Immer dann, wenn uns etwas berührt, sind wir selbst gemeint. Also wann immer wir etwas nach außen projizieren, sollte uns bewusst sein, dass das Leben gerade bei uns anklopft und sagt: "Okay, wenn es dich so sehr stört - frage dich, was es mit dir zu tun hat! Was genau triggert dich - und warum?"

Wenn uns "Unrecht" widerfährt

Wenn uns im Leben etwas Unangenehmes widerfährt, beinhaltet dies ebenfalls eine Botschaft an uns selbst. Diese Botschaft hilft uns dabei, uns und unserem Leben einen Schritt näher zu kommen.

Wann immer Sie einen Weg suchen, jemandem zu verzeihen, machen Sie sich bewusst, dass Ihnen noch nie jemand etwas angetan hat. Denn der andere, durch den Ihnen scheinbar Unrecht geschieht, ist ja immer nur der Bote Ihres Schicksals. Er bringt Ihnen nur einen Brief mit einer Botschaft. Und genauso wie von der Post angenehme und unangenehme Briefe kommen, so bekommen wir im Leben manchmal erfreuliche und unerfreuliche Botschaften durch andere. Doch der Absender der Botschaft sind immer wir selbst. Wir selbst haben uns einen Brief geschrieben, und wir selbst haben uns Unrecht zugedacht. Welcher Brief auch immer uns erreichen wird, es steht immer wieder das

Gleiche drin - nämlich dass wir aufge-fordert sind, uns selbst einen Schritt näher zu kommen. Sich selbst näher zu kommen heißt, dem Leben näher zu kommen.

Wie lernt man zu verzeihen, wenn einem über lange Zeit Unrecht widerfahren ist? Es ist nicht leicht, doch es ist dazu nur ein Schritt nötig. Man muss lediglich erkennen, dass es eigentlich gar kein Unrecht gibt. Wenn jemand verantwortlich ist für sein Leben, dann kann ihm nach dem Gesetz der Resonanz nur das widerfahren, was er durch sein So-Sein notwendig macht ("not-wendig" = um die Not zu wenden). Vielleicht hat dieser Mensch selbst Unrecht getan und macht jetzt einfach nur die gegenteilige Erfahrung, dass ihm Unrecht geschieht. Für die Seele ist das der Ausgleich, und alles ist wieder in Ordnung.

Doch ganz egal, was uns widerfährt, es ist für *uns selbst* wichtig, denn es will *uns selbst* dienen und helfen. Es will uns helfen, uns selbst wieder näher zu kommen. Wann immer wir also durch eine Krankheit, einen Schicksalsschlag oder etwas anderes Unangenehmes eine Botschaft bekommen, will uns das Folgendes sagen: "Du bist ins Stocken geraten! Du könntest jetzt wieder einen Schritt mehr ins Leben und in die Lebendigkeit gehen. Einen Schritt mehr ins Neue, ins sich Verändernde." Wir sind aber meist zu sehr mit den äußeren Umständen beschäftigt, um das zu erkennen.

Die Aufmerksamkeit vom scheinbaren Unrecht, den Beteiligten und den Gefühlen und Emotionen dazu abzuziehen, um in sich zu schauen, ist ein Schritt, der Mut und Klarheit voraussetzt.

Vielleicht ist es ganz wichtig, dass es uns schmerzt, wenn wir vom Leben "geschubst" werden. Denn immer dann, wenn es richtig wehtut, sollten wir uns für das neue Leben - statt für das alte, vielleicht angenehme und bequeme - entscheiden. An der Botschaft "Kopfschmerzen" können wir oft sehen, dass die Schmerzen von einem Augenblick zum anderen gelöst sein können, wenn wir uns wieder in den Fluss des Lebens begeben. Wenn der Zweifel verschwunden ist, arbeiten die Kräfte nicht mehr gegeneinander. Wir sind wieder im Fluss - und somit im Leben, in der Lebendigkeit. Die Botschaft hat ihren Zweck erfüllt, das Kopfweh verschwindet und wir sind wieder im Einklang mit uns selbst.

Die Botschaften in der Partnerschaft

Nehmen wir an, Ihr Partner belügt Sie - und jetzt reagieren Sie einmal ganz anders als sonst: Stellen Sie sich die Frage, ob Sie selbst schon einmal gelogen haben. Bedenken Sie, dass es jetzt nur um Sie geht und dass es nicht darauf ankommt, ob der andere auch gelegentlich lügt. Versuchen Sie, bei sich zu bleiben und keine Urteile über das Lügen Ihres Partners zu fällen. Hier geht es allein um den Mut zuzugeben, dass Sie schon einmal gelogen haben. Es ist wichtig, dass wir wirklich einmal Verantwortung übernehmen und uns nicht mit der Verhaltensweise anderer entschuldigen, denn damit haben wir nichts zu tun. Selbst wenn alle Menschen ständig lügen würden und Sie nur ein einziges Mal gelogen haben, dann haben Sie *einmal* gelogen. Es geht nur darum, sich das einzugestehen.

Im nächsten Schritt können Sie sich fragen: "Was ist daran so schlimm, wenn ich belogen werde?" Oder: "Warum werde ich belogen?" Nehmen wir an, Ihr Partner sagt zu Ihnen: "Ich habe dich nie betrogen, ich war dir immer treu." Das kann die Wahrheit oder eine Lüge sein. Wenn Sie eines Tages dahinterkommen, dass Ihr Mann schon seit drei Jahren ein Verhältnis mit seiner Sekretärin hat, werden Sie wahrscheinlich sagen: "Wie konnte er mir das nur antun, wo er mir doch seine Treue geschworen hat?!" Schauen wir einmal dahinter, was für eine alberne Rechnung wir da gerade aufstellen. In diesem Fall geht es nämlich nur darum: Warum hat der andere mich belogen? Warum ist er zu einer anderen gegangen? Was sucht er da, was er bei mir nicht gefunden hat?

Doch: *Er* ist in Schwierigkeiten und hat nicht den Mut zu sagen, dass er bei einer anderen war! Ihm fehlt der Mut, weil er genau weiß, wie Sie reagieren werden. Denn: Wie würden Sie reagieren, wenn Ihr Mann nach Hause käme und sagen würde: "Stell dir vor, ich hatte ein ganz süßes Erlebnis ..."? Sie würden sicherlich nicht antworten, dass Sie sich darüber freuen, oder? Solch eine Situation ist wirklich sehr verletzend, und da wird man auch schon mal richtig laut. Und weil der andere weiß, dass wir mit so einer Situation nicht normal umgehen können, besitzt er nicht den Mut, die Wahrheit zu sagen. Wem also hat er etwas angetan? Ihnen? Er meint gar nicht Sie. Er meint *sich*! Er traut sich nicht, denn er weiß, dass er der Situation nicht gewachsen ist, wenn Sie ihm Vorwürfe machen. Deswegen stellt er sich der Situation erst gar nicht. Vielleicht neigen Sie ja dann in dieser Situation dazu, sich den Schuh anzuziehen, und sagen: "Wie kann er *mir* das antun, wo ich immer ehrlich zu ihm war und mich für ihn aufopfere?!"

Statt all dieser typischen Verhaltensweisen könnten wir einander aber auch an der Hand nehmen, miteinander hinschauen und fragen: *Weshalb?* "Warum gehst du da hin?" "Wo liegt die Schwierigkeit?" "Was versuchst du, dort zu finden, was du bei mir nicht findest?" "Wie können wir das im Miteinander schaffen?" Denn wenn wir dahinter schauen: Egal, was der andere gesagt hat oder warum er gelogen hat, *er* meint immer *sich*. *Er* ist in Schwierigkeiten. Das Einzige, was er jetzt nicht braucht, sind Vorwürfe. Nur Liebe und Verständnis können hier helfen. Nehmen Sie den anderen bei der Hand, schauen Sie miteinander hin und fragen Sie sich: "Wie gehen wir jetzt mit dieser Situation um?"

Solch eine Reaktion bedeutet jetzt nicht, dass wir heilig sein und "Hosianna" singen sollen, wenn der andere uns mit einer schwierigen Situation konfrontiert. Wir sollten dem anderen sogar mitteilen, dass wir tief verletzt und verwundet sind und die Situation nicht verstehen können. Doch wir sollten ihn auch darum bitten, miteinander einen Weg zu finden, damit umzugehen. Wie werden Sie mit dieser Situation fertig? Versuchen Sie herauszufinden, warum es so gekommen ist, bevor Sie sich für einen Weg entscheiden. Wenn Sie verstehen, warum der andere gelogen hat, erkennen Sie, dass er *sich* gemeint hat, dass er Angst hatte und Sie vielleicht mit der Lüge nur schonen wollte. Wenn wir dahinter schauen und die Sprache des Lebens verstehen lernen, verschwindet das Problem. Dann brauchen wir keine Lösung. Das Problem löst sich auf.

Vielleicht fragen Sie sich: "Ist die oben beschriebene Haltung in so schwierigen Situationen nicht etwas zu anspruchsvoll?" Nein, ist sie nicht. Unser Seinsauftrag lautet nämlich ganz klar und unmissverständlich: "Ihr sollt vollkommen sein, wie der Vater im Himmel vollkommen *ist*!" Der Seinsauftrag lautet nicht, ihr sollt vollkommen *werden*. Wir sollen *es sein*, und sein kann man nur etwas, was man bereits ist. Also erkennen wir, dass wir es ja längst sind. Dann ist es überhaupt nicht anspruchsvoll, sondern nur ein kleiner Schritt auf dem Weg zur Erleuchtung - und die Erleuchtung ist für jeden von uns früher oder später unvermeidlich. (Nur wenn wir glauben, dass das noch dauert, werden wir auch Recht behalten ...) Schauen wir also einmal hin: Wo machen wir es uns denn schwer, wenn wir annehmen, etwas wäre für uns zu anspruchsvoll?

Sie sind hohes Bewusstsein! Sie brauchen dieses Bewusstsein nicht erst zu erschaffen, Sie sollten sich nur daran erinnern.

Dieses Bewusstsein können wir nicht erwerben und nicht kaufen. Wir erhalten es weder durch Meditation noch durch Beten oder eine bestimmte Atemtechnik. Es gilt einfach nur, uns an uns selbst zu erinnern und uns klarzumachen, dass es nichts zu erreichen gibt. Wir brauchen nur das loszulassen, was wir nicht wirklich sind. Wir müssen nur aus der Täuschung herausgehen, die Trennung beenden und wieder in die Einheit mit uns selbst zurückkehren. Dann sind wir nur noch wir selbst. Sonst nichts. Wir brauchen nichts dazuzulernen, wir müssen wirklich nur wir selbst sein. Nun können Sie der Meinung sein, das sei anspruchsvoll. Ich bin der Meinung, es ist unvermeidlich, es ist einfach nur der irgendwann zwingend notwendige Schritt. Sie können ihn jetzt in diesem Augenblick gehen – oder Sie können noch drei Inkarnationen damit warten. Es ist ganz allein Ihre Entscheidung. Doch irgendwann müssen Sie diesen Schritt gehen.

Freiheit in der Gemeinsamkeit

Versuchen Sie einmal, sich eine Kultur vorzustellen, in der es ganz natürlich ist, mindestens mit einem Dutzend Partner gleichzeitig eine Beziehung zu haben. Hätte eine Frau oder ein Mann dagegen nur fünf oder sechs Beziehungen, würde sie oder er in dieser Kultur auffallen. Hätte jemand in dieser Kultur nur einen einzigen Partner, würde sein Umfeld sogar vermuten, dass mit ihm etwas nicht stimmt ...

Wir alle haben ein Bild von Treue und auch davon, wie eine Partnerschaft sein sollte. Doch dieses Bild ist zeitbedingt und hängt mit unseren Vorstellungen und unserer Kultur zusammen. Es gibt durchaus ganz andere Gemeinschaften, in denen ein Mann zum Beispiel eine Frau nicht heiraten würde, wenn sie nicht schon ein Kind hätte; er wüsste sonst nicht, ob sie auch wirklich fruchtbar ist. Kurzum: Wir halten uns an bestimmten Vorstellungen fest und wünschen uns, dass jemand genau unsere Vorstellungen von Beziehung teilt. Oder wir möchten jemanden ganz für uns alleine haben. Allein diese Grundeinstellungen würgen eventuell schon eine gute Partnerschaft ab, sodass diese erst gar nicht zustande kommen kann.

Wir sollten lernen, die Botschaft zu verstehen und über den eigenen Schatten zu springen. Im letzten Fall heißt das ganz konkret: damit aufhören, *haben zu wollen*. Gelingt uns dies, ist es sogar gut möglich, dass wir später noch bekommen, was wir gesucht haben. Doch es wird uns nicht gelingen, solange wir es brauchen, und es funktioniert ebenfalls nicht, solange wir einen Partner ausschließlich für uns haben wollen. Auch hier geht es wieder darum, vom *Haben* zum *Sein* zu kommen, wenn wir uns nicht selbst bestrafen wollen.

Unser Selbst will niemanden haben, unser Selbst IST - und es gestattet jedem zu SEIN.

Jeder Mensch sehnt sich nach der idealen Partnerschaft. Viele suchen danach, aber nur wenige können sie leben. Oft hatten wir vielleicht schon jemanden gefunden, der aber leider schon "besetzt" war, oder wir standen vor ganz anderen Herausforderungen - beziehungsweise Botschaften des Lebens.

Mit dem nachfolgenden Test können wir unsere Bedürfnisse überprüfen. Vielleicht können wir uns auch selbst ein Stück weit besser kennenlernen, um zu verstehen, warum die Umstände so sind, wie sie sind.

Partnerschaftstest: Botschaften aus der Tierwelt

Lassen Sie uns zum Thema Partnerschaft einen kleinen Test machen. Aus dem Ergebnis lassen sich später vielleicht ein paar nützliche Informationen für Sie ableiten.

Wählen Sie am besten jeweils die Antwort, die Ihnen als Erstes einfällt.
Wenn Sie ein Tier wären, welches Tier wären Sie dann gerne?

____

____

Welches Tier versuchen Sie, im Alltag zu sein, oder als welches Tier versuchen Sie, im Alltag zu leben?

____

____

Welches Tier, glauben Sie, sind Sie von Ihrem Wesen, also von Ihrer wahren Natur her?

____

____

Erläuterung:
zu 1) Das, was wir von uns glauben, was wir sind (aber nicht unbedingt leben).
zu 3) Wenn Sie bei Position 3 ein anderes Tier genannt haben als bei Position 2, kann das damit zusammenhängen, dass Sie zurzeit nicht so leben, wie Sie gerne wären.

Wenn Sie sich nun die Eigenschaften, Verhaltensweisen und Lebensgewohnheiten Ihres Tieres auf Position 1 (gegebenenfalls auch auf Position 2 und 3) ansehen, können Sie einiges über Ihre wahre Natur erfahren. Sie werden staunen, wie viele Entsprechungen Sie finden werden.

Nehmen wir als Beispiel zur Auswertung Folgendes: Die 42-jährige Annabelle, die ausschließlich verheiratete Männer in ihr Leben zieht, antwortet wie folgt:

1. Wenn Sie ein Tier wären, was wären Sie dann für ein Tier?
   Annabelle: "Ein Pferd."

2. Welches Tier versuchen Sie im Alltag zu leben?
   Annabelle: "Ich sehe mich eher als Kuh auf einer Weide grasen."

3. Was für ein Tier, meinen Sie, sind Sie von Ihrer wahren Natur her?
   Annabelle: "Ein Pferd. Oder auch ein Tiger."

Hier stellt sich die Frage, was Annabelle daran hindert, dieses dritte Tier zu leben. Beim Charaktervergleich zwischen diesen beiden Tieren fällt ihr das "Wilde" auf, eine Eigenschaft, die sie bei der Kuh vermisst.

Weil diese Frau nicht lebt wie ein "Pferd" (1), hat sie manchmal das Gefühl, ein Tiger (3) zu sein (viel Power, gelegentlich auch Aggressivität). Vermutlich empfindet sie dies auch nur so, weil sie nicht wirklich lebt, was ihre eigentliche Natur ist.

Falls auch Sie bei Position 2 ein anderes Tier genannt haben als bei Frage 1: Wir haben jederzeit die Möglichkeit, aus unseren alten Prägungen herauszugehen, denn sie wirken nur so lange in uns, wie wir uns mit ihnen identifizieren. Wenn Sie das Tier auf Position 1 schon wahrnehmen können, können Sie bereits damit beginnen, in diese Energie einzutauchen. Versuchen Sie in Ihrer Vorstellung einmal, als dieses Tier zu leben. Im Alltag bedeutet dies, Sie könnten immer mal wieder innehalten und sich fragen: "Als was lebe ich denn gerade?" Manchmal stellen wir zu unserem Erschrecken fest, dass wir uns kurzfristig vielleicht sogar wie eine Maus verhalten, wie ein Hase oder wie ... Prüfen Sie daraufhin einfach: "Was würde mir eigentlich von meinem Wesen her jetzt entsprechen?" Dann sind Sie direkt wieder im Stimmigsein und im Lebensfluss.

Doch zurück zu Annabelle. Annabelle lebt nicht als Pferd (1), sondern sieht sich auf einer Kuhweide (2). Eine Kuh fühlt sich normalerweise wohl, wenn sie mit ihrem Partner auf der Weide eingezäunt ist und ihre Ruhe hat. Denken wir nun an die geheimnisvollen Signale, die wir aussenden und durch die ein zukünftiger Partner zu uns finden kann. Wünscht Annabelle sich nun ein "Pferd" als Partner, wird sie es schwer haben, denn ein Pferd (vielleicht sogar ein stolzer Araberhengst?) verirrt sich recht selten auf eine Kuhweide. Dann gibt es an dieser Stelle noch einen Punkt, den man sich klarmachen sollte: Ist Annabelle ein Pferd und ihr idealer Partner ein stolzer Araberhengst, braucht er seine Freiheit!

Im Beispiel mit Annabelle geht es um die Identifikation mit dem Pferd als Tier, das für ungezügelte oder zu zügelnde Leidenschaften steht. Gleichzeitig geht es um eine hohe Spiritualität. Diese bedingt einen Partner, der jedoch nicht mehr auf der Haben-Ebene sein kann. Annabelle muss sich also entscheiden. Auf der einen Seite zieht sie einen Partner in ihr Leben, der schon gebunden oder verheiratet ist. (Ähnlich wäre auch ein Partner, der sehr viel Freiraum braucht, alleine leben will oder vielleicht gänzlich beziehungsunfähig ist.) Auf der anderen Seite sucht sie jemanden mit großem Interesse an Spiritualität, und sie braucht unbedingt den Austausch mit dieser Spiritualität. Sie steht vor einer Entscheidung: Entweder sie bekommt einen Partner, der für sie zu haben ist. In diesem Fall wird sie sich jedoch mit diesem spirituell nicht austauschen können, und es bleibt ein großes Defizit. Im anderen Fall bekommt sie einen Partner, mit dem sie sich wunderbar ergänzt, der jedoch für sie alleine nicht zu haben (oder nicht beziehungsfähig) ist.

An dieser Stelle noch eine Botschaft für Menschen, deren Partner bereits mit einem anderen glücklich verheiratet ist, sowie eine Botschaft an Männer und Frauen, die sich immer wieder beziehungsunfähige Partner in ihr Leben ziehen: Hören Sie auf, *haben* zu wollen – hören Sie damit auf, eine normale Beziehung (wie die Gesellschaft es von Ihnen verlangt) führen zu wollen. Und hören Sie damit auf, unbedingt Familie haben zu wollen. Lassen Sie sich vom Leben beschenken!

Im Prinzip wäre alles so schön einfach. An diesem Beispiel sehen wir, dass wir uns immer nur selbst ein Bein stellen, indem wir uns Bedingungen schaffen, die so nicht zu erfüllen sind. Und weil wir uns inzwischen auf einer etwas höheren Entwicklungsstufe befinden, fordert uns das Leben eben auf einer höheren Ebene. Je weiter wir uns entwickelt haben, desto höher sind die Ansprüche unserer Seele, *stets im Sein zu leben*. Nun wünschen wir uns bewusst oder unbewusst einen Partner mit hoher Spiritualität: sensibel, einfühlsam, edel, entwickelt, "angeleuchtet" (wenn schon nicht ganz erleuchtet ...) - einen Partner, der uns spirituell fordert. Diesen Partner wollen wir dann ganz für uns alleine. Doch das eine schließt das andere aus. Dies erinnert an die Geschichte eines kleinen Mädchens, das zu seinem Vater sagte: "Für mich kommt nur ein Mann infrage, der groß, blond, blauäugig, gütig, liebevoll, verständnisvoll, reich und großherzig ist. Auf diesem Standpunkt bleibe ich stehen." Der Vater entgegnete: "Nein. Auf diesem Standpunkt bleibst du nicht stehen, auf diesem Standpunkt bleibst du sitzen."

Wenn wir dem Leben Bedingungen stellen, die sich nicht erfüllen lassen, weil sie nicht auf einen Nenner zu bringen sind, kommen wir selbst zu kurz. In diesem Fall bestrafen wir uns selbst. Im Beispiel von Annabelle ist das Hindernis eindeutig. Das Leben gibt ihr die Botschaft: "Du bist für dieses *Habenwollen* und für dieses enge Besitzdenken schon viel zu weit in deinem Bewusstsein. Partnerschaft funktioniert so nicht mehr." Für Annabelle gilt es, dieses Muster loszulassen. Sie muss also erst einmal Ballast abwerfen. Sobald ihr das gelingt, ist sie resonanzfähig

– und dann strömt sicher plötzlich all das auf sie ein, was sie sich schon die ganze Zeit gewünscht hat. Im Grunde geht es uns allen mit allem so.

Der Anspruch an uns: die Entwicklung vom Haben zum Sein! Solange Annabelle nichts haben will, solange sie ganz ohne Besitzdenken ist und einfach nur Freude spürt, einem Menschen begegnet zu sein, mit dem sie gleich schwingt, existiert kein Problem. Die Schwierigkeit besteht nur im *Habenwollen.* Gelingt es ihr, vom Haben zum Sein zu kommen, ist das Problem gelöst. *Sobald wir damit aufhören, haben zu wollen, ermöglichen wir viele wunderbare Begegnungen.*

Schauen Sie einfach hin, und beobachten Sie, was es ist! Genießen Sie, dass Sie Menschen begegnen, die Ihnen sehr nahe sind und die Ihnen vertraut sind! – Wir leben in einer Zeit, in der wir zunehmend Menschen begegnen, denen wir sehr nahe sind und bei denen wir das Gefühl haben, dass wir sie schon seit Ewigkeiten kennen. Wenn wir uns selbst aus unseren Rollen entlassen und nicht schon nach kurzer Zeit darüber nachdenken, ob der andere unser/e Geliebte/r werden könnte, dann können wir das Geschenk, jemanden kennengelernt zu haben, viel leichter bewahren. Freuen Sie sich über dieses Geschenk! Denn sobald wir im Kontakt mit einem anderen Menschen daran denken, dass dieser mit einem anderen verheiratet ist, geraten wir in die verschiedenen Rollen. Wir bekommen Angst davor, wie wir und andere damit umgehen werden. Aber: *Wenn etwas stimmt, stimmt es für alle Beteiligten.*

Wenn uns ein Mensch sehr nahe ist, spüren wir vielleicht: Es ist Liebe! Dann meinen wir, dass wir mit dem anderen auch zusammen sein müssen, doch das macht die Sache nur schwierig. Freuen Sie sich einfach über die schöne Begegnung. Schauen Sie einfach nur hin, und genießen Sie den Moment. Wenn Sie in diesem Augenblick nur an die Zukunft oder an Versäumtes denken, dann verwehren Sie sich die Chance, ganz mit dem Menschen, also ganz im Augenblick zu sein.

Falls Sie als Mann oder Frau den richtigen Lebenspartner oder die richtige Lebenspartnerin noch nicht gefunden haben oder derzeit nicht mit Ihrem idealen Partner zusammen sind: Glauben Sie, dass es diesen einen idealen Partner gibt? Und wenn ja, was meinen Sie, warum Sie nicht mit ihm in Kontakt sind? Wenn Sie resonanzfähig für Ihren Partner sind, kommt er zwangsläufig in Kontakt mit Ihnen. Sie ziehen ihn ganz einfach an - wie mit einem geheimnisvollen Signal oder einem überdimensionalen Magneten. Leben Sie jedoch ungewollt alleine, sind Sie nicht in Resonanz mit diesem gewünschten Partner und senden offensichtlich nicht das passende Signal aus.

Manche Menschen verlieben sich in jemanden, mit dem Sie aus bestimmten Gründen nicht zusammen sein können. Sei es, dass der andere bereits glücklich verheiratet ist oder dass sich eine Partnerschaft aus diversen anderen Gründen als schwierig oder gar unmöglich darstellt. In beiden Fällen ist die Botschaft wieder: Den Partner, den Sie haben wollen, können und werden Sie nie *haben*. Sie können mit ihm nur *sein*. Solange Sie jemanden *haben wollen*, können Sie mit dem anderen nicht richtig zusammenkommen. Es wäre nicht stimmig. Den Partner, den Sie jedoch *haben* könnten, mit dem können Sie nicht *sein*. Wahrscheinlich wollen Sie den auch gar nicht haben. Hier sind die Aufgabe und die Botschaft wieder eindeutig: *Hören Sie auf, etwas haben zu wollen!* Man nennt es auch *Loslassen*. Ihr Ego will etwas haben, da das persönliche Ich das so gewohnt ist. Das, was Sie wirklich sind, will aber weder besitzen noch Machtspielchen spielen, weil es in sich glücklich ist.

Zum Thema Machtspielchen und Loslassen fällt mir noch Folgendes ein: Wir denken manchmal, wir seien extrem großzügig, wenn wir jemanden loslassen, um ihm mehr "Freiheit" zu schenken. Doch muss der, der jemanden loslässt, nicht zuvor festgehalten haben? Auch hier erkennen wir ganz klar, dass das Leben uns durchaus einen Partner vorenthält, wenn wir nur Spielchen spielen ...

Unser Verhalten ist von Erfahrungen geprägt, und wie wir uns im Leben oder auch in Partnerschaften verhalten, wurde bereits in der Kindheit bestimmt. Nicht nur den Eltern ist hier ein Großteil unserer Prägungen zuzuschreiben, auch Geschwister hatten oder haben eine ganz spezielle Wirkung auf uns. Trotzdem ist es jetzt an der Zeit, diese Dinge zu erkennen und hinter sich zu lassen - um endlich Sie selbst sein und damit auch die Partnerschaft führen zu können, die Sie sich immer gewünscht haben.

Botschaften als wertvolle Begleiter

Wie Sie dem Leben Botschaften entlocken

Wie begegnen Sie dem Leben?

Nehmen Sie ein leeres Blatt zur Hand, und zeichnen Sie einen Strich darauf. Wenn Sie die Möglichkeit haben, bitten Sie doch noch zwei bis drei andere Leute, ebenfalls einen Strich auf das Blatt zu zeichnen. Dann betrachten Sie die einzelnen Striche. Sie werden feststellen, dass man diesen Auftrag auf ganz verschiedene Art und Weise ausführen kann. Vielleicht ist ein Strich dabei, bei dem Sie denken, dass Sie nie auf die Idee gekommen wären, den Strich auf diese Weise zu zeichnen. Es gibt viele Möglichkeiten: diagonal, lang, kurz, dick, dünn ... Was fällt Ihnen alles auf?

Beachten Sie auch, an welcher Stelle auf dem Blatt der Strich gemalt wurde. Warum ist der eine an den Rand gequetscht, obwohl auf dem Blatt vielleicht noch ganz viel freier Platz ist? Es ist auch eine Botschaft, ob der Strich waagerecht oder senkrecht gezeichnet worden ist. Wurde der Strich ganz ordentlich auf die linke Seite oben gemalt, oder steht er ganz rechts? Beobachten Sie auch, wie der Strich anfängt und aufhört. Man kann ihn zum Beispiel ganz leicht links beginnen und immer dicker werden lassen. Oder man kann ihn ganz dick anfangen und immer dünner werden lassen, bis er ausklingt. Beachten Sie dann noch die Richtung: Wurde der Strich von oben nach unten oder von unten nach oben gezeichnet?

All dies sind Botschaften; sie zeigen uns, wie wir eine Aufgabe im Leben angehen. Da alles, was wir tun, ein Ausdruck unseres So-Seins ist, ist auch ein einfacher Strich ein Ausdruck unseres So-Seins. So kann ein Strich zum Beispiel ...

- ... langsam anfangen und ganz schnell aufhören.
- ... langsam anfangen, in der Mitte stark werden und dann leicht ausklingen.
- ... ganz stark anfangen und dann ganz früh nachlassen.
- ... von unten nach oben gezeichnet werden. (Dies zeigt zum Beispiel die Einstellung zur eigenen Entwicklung. Jemand entwickelt sich aufwärts zum Licht.)
- ... von oben nach unten gezeichnet werden. (Jemand fängt mit Idealen und voller Begeisterung an, erkennt dann aber an der Realität des Lebens, dass er neu beginnen muss, weil es sich so nicht verwirklichen lässt.)
- ... lang oder sehr kurz sein. (Steckt da eine Begrenzung dahinter?)

...an den Rand gezeichnet sein. (Falsche Bescheidenheit? Warum drücke ich mich an den Rand?)

...in der Mitte des Blattes sein. (In sich ruhen.)

Wenn Sie wollen, überprüfen Sie nun einmal, inwieweit Sie mit den wichtigsten Lebensthemen in Harmonie sind.

Welche Einstellung habe ich zu ...

...meinem Beruf?

...meiner Karriere?

...zu meinem Partner?

...zu meinem Hobby?

...zum Leben?

...zu meiner Gesundheit?

...zum Geld?

...zu meinen Nachbarn?

...zu meinem Vater, meiner Mutter, meinen Kindern?

...zu mir selbst?

...zu meiner Figur? Finde ich mich zu dick, zu dünn, ...?

...zu meinem Intellekt? Finde ich mich zu wenig intelligent, sehr intelligent, ...?

All die Antworten, die Sie auf diese Fragen finden, halten eine Botschaft für Sie bereit! Wie Sie Missstände in Ihrem Leben, die Sie durch die Beantwortung der Fragen vielleicht aufgedeckt haben, in den Griff bekommen können, dazu möchte ich Ihnen im Folgenden ein paar Anregungen geben.

Eine bereichernde Anregung – die Gedankenkur

Beginnen Sie damit, Gedanken zu denken, deren Folgen Sie gerne in Ihrem Leben hätten! Laden Sie die Sonnenseiten in Ihren Alltag ein, indem Sie den Samen säen, dessen Saat Sie sich wünschen. Wenn Sie wollen, untersuchen Sie doch einmal die wunderbare Wirkung einer Art "mentalen Diät". Gönnen Sie es sich einmal, vier Wochen lang positiv zu denken, zu fühlen und zu handeln. Suchen Sie sich ausschließlich positive Gesellschaft sowie eine positive Umgebung aus. Nutzen Sie diese Zeit, um positive Gewohnheiten zu entwickeln und sich mit positiven Gefühlen zu erfüllen. Falls Sie überhaupt den Fernseher einschalten wollen, schauen Sie sich ausschließlich Positives an. Lesen Sie ein gutes Buch, und widmen Sie sich allein positiver Literatur. Alle nicht positiven Gefühle, denen Sie begegnen, wie Ärger, Angst, Stress, Zweifel, Selbstmitleid, Wut oder Aufregung, leben Sie sofort mental um. Dies geschieht, indem Sie sich die Situation mit dem gewünschten Endergebnis vorstellen und indem Sie sich gedanklich in der Situation, wie sie sein soll, wiederfinden. Dies ist kein Wunschdenken, sondern ein tatsächliches Erleben des Erwünschten. Gönnen Sie sich tagsüber auch mehrere Momente der Stille. Richten Sie Ihr Bewusstsein aus, wann immer Sie etwas Neues beginnen, wenn Besuch kommt oder wenn das Telefon klingelt. Machen Sie sich bewusst, wer Sie wirklich sind, und handeln Sie aus diesem Bewusstsein heraus.

Halten Sie diese spezielle Diät vier Wochen lang diszipliniert durch, und untersuchen Sie anschließend die Ergebnisse. Wahrscheinlich möchten Sie diese bereichernde Kur für immer zu Ihrer Gewohnheit werden lassen ...

Wie man sein Leben bereinigt

Im Laufe eines Lebens sammeln sich in unserem Zellbewusstsein die Energien ungelöster Situationen, unerfreulicher Ereignisse oder belastender Begegnungen. Lösen wir diese nicht irgendwann auf, schleppen wir mit der Zeit einen schweren Rucksack an ungelöster Vergangenheit mit uns herum, der unser tägliches Leben ziemlich belastet. Diese ungelösten Energien haben zudem auch körperliche Folgen. Die Muskeln verspannen, wir sind vorbelastet und somit empfänglicher für Krankheiten. Dieser unnötige Ballast zeigt sich aber auch in Übergewicht, denn der Körper spiegelt getreulich, wenn wir es uns im Leben schwer machen. Das ist vielleicht der Hauptgrund, warum das Abnehmen so schwierig ist. Solange wir diesen energetischen Ballast nicht losgeworden sind, ist es uns fast unmöglich abzunehmen, auch wenn wir kaum noch etwas essen. Das schränkt natürlich auch unsere Leistungsfähigkeit stark ein. Es ist, als ob wir ständig einen schweren Koffer mit uns herumschleppen würden, da bleibt nicht mehr viel Energie für andere Aktivitäten. Nicht zu vergessen die seelischen Folgen! Wir sind leicht reizbar, kaum belastbar und schnell überfordert bei der geringsten zusätzlichen Belastung.

Es ist sicher leicht einzusehen, dass es hilfreich und sinnvoll wäre, diesen angesammelten Ballast loszuwerden. Die Frage ist nur: Wie? Dabei ist das viel einfacher, als Sie vielleicht denken. Sie erreichen es mit den folgenden Schritten:

- Suchen Sie sich einen ruhigen und gemütlichen Platz, und gehen Sie in der Erinnerung noch einmal durch Ihr ganzes Leben. Beginnen Sie mit der frühesten Erinnerung in der Kindheit, und erleben Sie noch einmal in aller Ruhe Ihr ganzes Leben.

- Schreiben Sie alle belastenden Ereignisse auf, auch wenn Sie glauben, dass sie bereits aufgelöst sind. Lassen Sie sich Zeit, falls erforderlich mehrere Tage, bis Sie sicher sind, wirklich alles gefunden und aufgeschrieben zu haben.

- Gehen Sie dann in Ihrer Imagination noch einmal in jede Situation. Wichtig ist, dass Sie sich die Situation nicht nur vorstellen, sondern sie wirklich noch einmal erleben. Halten Sie dabei mit Daumen und Zeigefinger (oder auch mit Zeige- und Mittelfinger, siehe Abbildung) die beiden “Stirnbeinhöcker”. Das sind die Punkte über der Mitte der Augenbrauen in der Mitte der Stirn. Spüren Sie, wie diese Punkte energetisch in die Tiefe reichen.

Während Sie sich eine möglicherweise noch belastende Situation vorstellen, halten Sie gleichzeitig diese beiden Punkte, bis sie entladen sind. Sie erkennen dies daran, dass Sie ein Gefühl der Dankbarkeit, der Freude und Erleichterung spüren. Dies stellt sich meistens nach etwa einer Minute ein. Dann wissen Sie, dass diese Situation energetisch entladen und erlöst ist. Machen Sie das mit allen Situationen so, bis Sie völlig frei sind, und gehen Sie ganz leicht in Ihr neues Leben. Ein Leben in der Leichtigkeit des Seins wartet auf Sie, lassen Sie es geschehen!

Wie Sie das eigene Weltbild aktualisieren

Lassen Sie die folgenden Erkenntnisse auf sich wirken. Wenn Sie möchten, nehmen Sie die Sätze ins Bewusstsein und meditieren Sie darüber. Anschließend lassen Sie die Fragen tief auf sich wirken. Lesen Sie sie dazu erst einmal durch, und gehen Sie sie dann noch einmal Schritt für Schritt durch. Halten Sie bei jeder Frage inne, und versuchen Sie ehrlich zu sein. Schreiben Sie die Antworten auf, damit Sie sie später noch einmal durchlesen können. So können Sie kontrollieren, inwieweit sich Ihr Weltbild vielleicht bereits in zwei bis drei Monaten verändert hat. Nur so sind Sie auch in der Lage, Botschaften zu erkennen, die sich heilend auf Sie auswirken können.

Bringen Sie sich ins Bewusstsein:

- Wo eine Wirkung ist, da ist auch eine Ursache.
- Wird die Ursache beseitigt, verschwindet die Wirkung.
- Das Symptom ist nicht die Krankheit, sondern nur die Botschaft über die Krankheit.
- Sie enthält immer die Lösung.
- Das Auflösen des Symptoms ist keine Heilung.
- Mein Körper ist nur dann gesund, wenn ich selbst heil bin.
- Heilsein bedeutet, das Leben zu durchschauen.

Fragen Sie sich anschließend:

Will ich gesund werden?

____

____

Oder möchte ich nur frei von Beschwerden sein?

____

____

Bin ich bereit, die Situation anzuschauen?

____

____

Bin ich jetzt und in diesem Moment bereit, die Situation zu akzeptieren?

____

____

Was sagt mir die Botschaft meines Lebens?

____

____

Was sagt mir die Botschaft meines Körpers?

____

____

Welche Konsequenzen ergeben sich daraus?

____

____

Bin ich jetzt bereit, die notwendigen Schritte zu tun?

____

____

Die Lebensabsicht erkennen

Sie finden Ihre Lebensabsicht oder Berufung:
Indem Sie ...

... den Weg der Freude gehen.

... sich Ihre besonderen Fähigkeiten und Talente bewusst machen. Was können Sie besonders gut?

... dem folgen, was Sie besonders interessiert, fasziniert und anzieht.

Zu diesem Thema erhalten Sie immer wieder Botschaften und Hinweise des Lebens, hilfreich sind diese aber nur dann, wenn sie auch verstanden werden. Um den hilfreichen Tipps des Lebens auf die Schliche zu kommen, beantworten Sie folgende Fragen:

Was läuft in meinem Leben nicht optimal?

Was ist mein Wunschberuf, wie würde mein ideales Berufsleben aussehen?

Was sollte ich tun, um dies zu erreichen?

Wo ist ein Hindernis?

Wie lässt sich dieses Hindernis beseitigen?

Um die Tätigkeit zu finden, die Ihnen am meisten Spaß macht, hilft es Ihnen, folgende Fragen ehrlich zu beantworten.

+++ Sehr gerne tue ich:

+ Gerne tue ich:

- Ungern tue ich:

- - - Sehr ungern tue ich:

Wenn Sie wollen, können Sie hier gleich weitermachen und noch weitere Aspekte Ihres Lebens in Angriff nehmen.

Was könnte ich tun, um meine Gesundheit zu verbessern?

Was müsste ich sein lassen, um meine Gesundheit zu verbessern?

Hier mein Gesundheitsplan:

Habe ich genügend Bewegung?

Hier mein Sportplan:

___

___

___

Was ist mein Traum, mein größter Wunsch? Oder habe ich mehrere?

___

___

___

Was ist zu tun, um mir diese Lebensträume zu erfüllen?

___

___

___

Bin ich mit meiner finanziellen Situation zufrieden? Warum nicht?

___

___

___

Mein Plan für Wohlstand:

___

___

___

Im Botschaftsbewusstsein leben

Es ist gar nicht erstrebenswert, ein ausschließlich angenehmes Leben zu führen, obwohl dieser Wunsch äußerst menschlich ist. Ein Leben ganz ohne Hindernisse ist nicht das, was Leben eigentlich ausmacht. Stellen Sie sich vor, Sie spielen Tennis und bringen stets ganz einfach den Ball übers Netz. Sie bekommen den Ball immer optimal zugespielt, müssen ihm nicht hinterherlaufen. Das Spiel geht wunderbar hin und her, keiner strengt sich an, auch Ihr Matchpartner kann an seinem Platz stehen bleiben. Es dauert aber nicht lange, dann ist dies zu wenig; das Spiel beginnt, langweilig zu werden. Ein Spiel ist erst schön, wenn wir gefordert werden. Wir wollen dem Ball hinterherlaufen, um Punkte kämpfen. Gerade dann, wenn man auch einmal einen Ball nicht mehr erwischt oder bei vollem Einsatz sogar auf dem Sand ausrutscht, bemerkt man, dass gerade dieses harte Spiel interessant gewesen ist. Und genau so läuft es in unserem Leben, doch meist sehen wir es nicht so und versuchen, jede Anstrengung zu vermeiden. Wir möchten gerne unsere Ruhe haben und wünschen uns, dass alles vorhanden ist, was wir brauchen, ohne dass wir darum kämpfen müssen. Und am liebsten würden wir in all unseren Gewohnheiten stecken bleiben, weil das scheinbar am angenehmsten ist. Das ist allerdings eine falsche beziehungsweise kurzsichtige Betrachtungsweise. Denn:

Die geistige Höherentwicklung bleibt niemandem erspart. Wann er den Weg beginnt, ist lediglich eine Frage der Zeit. Wer der Welt helfen will, beginne mit seiner eigenen Veredelung. Denn Blinde können keine Blinden führen. Der Wissende kann aber wiederum nur dem helfen, der sich helfen lassen will. Gehen muss den Weg jedoch jeder selbst.

Je mehr Licht wir in uns haben, desto mehr Schatten können wir sehen. Bewusstsein steigert unsere Wahrnehmung. Je eher wir fähig sind, das Gute und Vollkommene zu erkennen, desto mehr besitzen wir auch die Fähigkeit, unsere Schattenbereiche zu erkennen. Dagegen gibt es im diffusen Licht (bei wenig entwickeltem Bewusstsein) weder das eine noch das andere. Viele Menschen führen ein mehr oder weniger zufriedenes Leben, jedoch mit wenig Tiefe nach unten und wenig Raum nach oben.

Sind wir auf dem geistigen Weg, werden wir viel häufiger mit der Frage konfrontiert, was wir wohl falsch machen, weil es uns eventuell noch nie so schlecht gegangen ist wie gerade in diesem Moment. Das liegt mitunter daran, dass wir in einem höheren Bewusstsein auch die Fähigkeit entwickelt haben, Dinge näher zu betrachten. Je mehr Licht wir in uns entdecken - desto eher haben wir auch die Fähigkeit, die Schattenbereiche zu erkennen, die noch zu bearbeiten sind. Wenn es uns dann aus diesem Grund ab und zu einmal schlecht geht, ist dies keine Strafe, sondern eigentlich ein Kompliment. Leben wir bewusst und fühlen uns krank, sollten wir ab und zu auch innehalten und uns fragen, ob wir im Moment überhaupt etwas falsch machen. Es kann nämlich sein, dass wir schon auf dem richtigen Weg sind und uns im Heilungsprozess befinden. Manchmal ist eine Krankheit oder ein Symptom also auch einfach Ausdruck des Gesundwerdens, weil der Körper nun die Chance bekommen hat zu heilen. Leben wir bewusst, müssen wir ohnehin nicht bei jedem Zeichen davon ausgehen, etwas falsch gemacht zu haben.

Wenn Sie sich dieser Dinge bewusst werden, erkennen Sie auch wieder: Alles im Leben ist eine Botschaft an Sie. Jede Situation, jede Entwicklung, jede Begegnung und so weiter beinhaltet einen Hinweis für Sie, um Sie jeden Tag einen Schritt näher zu sich selbst zu bringen. Fassen wir daher noch einmal zusammen, worauf es ankommt:

1. Die Botschaft beachten. Alles ist eine Botschaft.

Krankheit, Mangel, Leid, aber auch Gesundheit, Freude und Erfolg sind Botschaften. Es gilt, diese Botschaften zu beachten, zu erkennen und zu befolgen.

2. Alles ist mein Lehrer.

Alles ist dazu da, mich zu einem Zustand höherer Vollkommenheit zu führen - wenn ich mich führen lasse. *Es geht aber nicht darum, etwas mit dem Kopf zu erkennen und es anschließend zu tun, sondern den neuen Zustand "geschehen zu lassen".* Wir müssen lernen, der fließenden Energie zu folgen, und das bedeutet, wirklich in einen Zustand höherer Vollkommenheit zu kommen und Vollkommenheit zu *werden*, ohne dabei etwas zu tun. Wir sollten also nur der Energie folgen und aktiv durch uns geschehen lassen, was sie bewirken will.

Wirklich alles in meinem Leben dient der Selbstverwirklichung. Das Selbst verwirklicht sich selbst, wenn ich es nicht daran hindere, sondern es aktiv wirken lasse. Ich bin frei.

Ein neuer Weg

Das All-Eine entdecken und JA sagen zum Leben

Wenn wir am liebsten die Welt verbessern würden

Überall auf der Welt finden wir Unfrieden, Rücksichtslosigkeit, Aggressivität, Intoleranz und vieles mehr. Solange wir selbst so sind und in uns noch keinen Frieden geschaffen haben, wird er sich auch im Außen nicht zeigen können. Wir sehnen uns danach, dass andere Menschen oder Menschengruppen irgendwann einmal begreifen, um was es im Leben geht, damit Frieden untereinander möglich ist. Gerne hätten wir Einfluss, um ein harmonisches Miteinander auf diesem Planeten zu ermöglichen. Doch ein altes Sprichwort sagt: **Wer mit einem Finger auf einen anderen zeigt, zeigt mit drei Fingern auf sich selbst.**

Jeder Mensch hat das Recht, so zu sein, wie er ist. Jeder Mensch hat das Recht, *gegen* etwas zu sein, unhöflich, gedankenlos, lieblos und aggressiv zu sein. Und er hat auch das Recht zu entscheiden, wann und unter welchen Umständen er lernen will. Wir sollten also aufhören, uns in die Welt zu stellen und zu sagen, die Welt sollte schöner und die Menschen sollten liebevoller zueinander sein. Es hilft nichts, wenn wir anderen *sagen*, sie sollten netter zueinander sein. Doch wir *haben* die Macht, auf diese Situation einen ganz entscheidenden Einfluss zu nehmen: indem wir bei uns beginnen.

EINEN Menschen aus dieser Gesellschaft
können wir immer in Ordnung bringen –
nämlich uns selbst!

Wir selbst könnten in Harmonie sein. Wir könnten voller Verständnis dafür sein, dass Leute so kurzsichtig oder aggressiv sind, dass sie zum Beispiel Ausländer nicht mögen und so weiter. Machen wir uns einmal bewusst: Wir alle sind Ausländer. Wer Ausländer nicht mag, mag sich selbst nicht, denn er ist in jedem anderen Land als seinem Geburtsland schließlich auch Ausländer. Wenn wir dagegen sind, dass Menschen so aggressiv sind, sind wir selbst aggressiv, weil wir dagegen sind. Das Gleiche gilt für die Friedenskämpfer, die auf die Barrikaden gehen und anderen die Schädel einschlagen, weil diese nicht friedlich sein wollen ... Wir zeigen mit einem Finger auf die anderen – und meinen immer nur uns.

Stellen Sie sich vor, irgendwo sitzt Gott. Können Sie sich vorstellen, dass Gott auch denken würde: "Warum lernen die Menschen dies oder das denn nicht?" Oder: "Warum sind sie so lieblos und so aggressiv?" *Gott ist einfach in der Liebe und lässt jeden so sein, wie er ist. Folgen wir Ihm!*

Antworten auf Fragen

In jeder Frage steckt die vollkommene Antwort. Niemand stellt eine Frage, deren Antwort er nicht bereits in sich trägt, denn wüsste er die Antwort nicht, könnte er die Frage gar nicht richtig formulieren. Die Tatsache, dass jemand fragt, sagt im Prinzip, dass er die Antwort eigentlich schon weiß. Darum fragen Sie sich: Wie würden Sie im Idealfall gerne antworten? *Seien Sie der Gott, der Sie sind, und geben Sie sich die vollkommene Antwort auf Ihre Frage!*

Wir sind alle Individuen – trotzdem sind wir nicht allein!

Machen wir uns auch bewusst, dass wir nie mehr alleine sein können, denn wir sind alle Individuen und ungetrennte Teile des einen Bewusstseins. Niemand hat eine Chance, alleine zu sein, ob er es will oder nicht. Es ist gar nicht möglich. In jedem von uns wartet zudem der Meister - das Christusbewusstsein, das wir ja alle sind - darauf, in Erscheinung treten zu dürfen. Doch in jedem von uns steckt auch ein Hasenfuß, ein Zaghafter mit der Meinung, dass er nicht alles schaffen kann. Nun kommt es darauf an, auf wen wir hören und mit wem wir uns identifizieren. Als was empfinden wir uns? Und genau das sind wir dann auch, zumindest für diesen Augenblick. Doch genauso gut können Sie sich in jedem Augenblick mit sich selbst - mit dem Meister in Ihnen - identifizieren. (Dieses

Bewusstsein nennen wir auch Christos-Bewusstsein.) Wenn Sie sich mit Ihrem inneren Meister identifizieren, empfinden Sie nichts mehr als anspruchsvoll, sondern als selbstverständlich. Sobald Sie Sie selbst sind, ist Ihnen nämlich das Selbst verständlich. Übernehmen Sie die Verantwortung für Ihr Leben!

Wenn wir bereit sind, die Verantwortung für unser Leben zu übernehmen, sollten wir uns klarmachen, wie wir vorgehen wollen. Wie sieht unser nächster Schritt aus? Im Idealfall hören wir auf die Botschaften des Lebens, sind bereit hinzuschauen und befolgen die Botschaften, so gut wir können. Doch wie genau macht man das?

Der erste Schritt ist die richtige Identifikation mit uns selbst; die Antwort auf die Frage: "Wer bin ich?" Auf diese Frage gibt es nur eine Antwort: Ich bin ein Teil des allumfassenden Bewusstseins, das wir Gott nennen. Doch das Wissen reicht nicht aus, es bedarf der Erfahrung. Also, fragen Sie sich: Mit wem identifiziere ich mich gerade? Als was empfinde ich mich zurzeit? Wenn Sie jetzt einmal hinspüren und sich wahrnehmen: Als was empfinden Sie sich? Finden Sie sich vielleicht sogar chaotisch? Wenn ja, dann wäre das fürs Erste schon mal eine wunderbare Erkenntnis. Man kann sich nämlich nur als chaotisch empfinden, wenn man in sich eine Vorstellung von Ordnung hat! Wenn Sie diesen Maßstab von Ordnung nicht hätten, wäre das Chaos normal und Sie könnten die Situation nicht als chaotisch beschreiben. Die Tatsache, dass Sie von sich sagen können, dass Sie sich als chaotisch empfinden, zeigt also, dass da einer in Ihnen ist, der die Ordnung kennt und Maß nimmt. Und genau derjenige sind Sie! Sie sind weder chaotisch noch ordentlich. Sie glauben im Moment, der zu sein, der das beurteilt. Sie sind jedoch das Bewusstsein an sich.

Sie sind chaotisch? Nun, wen stört es? Dann sind Sie eben chaotisch! Genießen Sie es, und es gibt kein Problem. Es heißt ja: "Das Genie beherrscht das Chaos ..." Wenn Sie jedoch ablehnend von sich sagen, dass Sie chaotisch sind, meinen Sie, dass Sie das eigentlich nicht möchten. Wie wären Sie denn gerne? Wären Sie gerne mit sich in Harmonie? Lieben Sie den Chaoten - und das Problem ist gelöst! Der zweite Weg wäre, Sie lassen ab sofort den Ordentlichen in Erscheinung treten. *Es gibt nur diese beiden Alternativen: Lieben Sie das, was ist, oder erschaffen Sie das, was sein soll!*

Das Tao: Leben aus dem Ursprung des Seins

Wenn wir die Sprache des Lebens verstanden und uns auf uns selbst besonnen haben, sind wir ganz wir selbst. Und wenn wir zudem als das leben, was wir in Wirklichkeit sind, dann sind wir im Tao. Dieses Tao wird immer wieder mit dem Sein übersetzt. Das Sein ist ein wichtiger Aspekt, doch das Tao ist das Leben, es ist der Ursprung des Seins. Es ist Gott und es ist die eine Kraft, aus der alles entstanden ist. Im Tao zu leben bedeutet, in jedem Augenblick in Übereinstimmung mit dem Höchsten in uns, als Ebenbild Gottes, zu leben. Im Tao zu leben bedeutet, *stimmig zu leben*. Als wichtigster Ausdruck des Tao gilt das Wu wei. Wu wei wird immer wieder mit "nicht handeln" übersetzt. Wu wei heißt eigentlich und richtig formuliert aber "nicht mehr als ein Ich handeln", sondern "durch sich geschehen lassen".

"Es" handelt durch mich, so wie wir es in der Meditation erleben: "Es atmet mich." Wir müssen nicht bewusst atmen, denn wir atmen einfach. Und genauso kann es auch mit all den Dingen ablaufen, die nicht unbedingt unser Zutun verlangen. Natürlich handeln wir als Mensch immer, das ist zum Überleben nötig, doch ...

... es ist ein Unterschied, ob ich willentlich und nach einem Plan, aus einer Erwartung und einem Wunsch heraus handle - oder ob ich durch mich handeln lasse.

Es ist wie mit unserem Atem. Wir können schnell, langsam, laut oder leise atmen, denn wir können unseren Atem steuern. Wir können den Atem aber auch loslassen, dann atmet unser Körper trotzdem weiter. So wie wir das jede Nacht tun oder den größten Teil des Tages: Wir lassen unseren Atem geschehen.

Genauso können wir unser Handeln oder Leben durch uns geschehen lassen und dafür sorgen, dass kein Ich mehr etwas will, ungeduldig ist oder Ziele anstrebt.

Wir könnten auch geschehen lassen, wie von selbst ins bewusste Sein einzutreten. Wir können in jedem Augenblick erkennen, was jetzt zu tun ist. Wenn das stimmig geschieht, dann sind wir im Tao. Dann verschwinden die Probleme, für die wir früher nach Lösungen suchten. Wir brauchen dann keine Antworten mehr, weil die Fragen verschwinden. Alles ist einfach so, wie es ist.

Wenn wir im Tao sind, brauchen wir nichts mehr zu wissen und zu wollen. Wir sind! Das genügt.

Wenn wir also die Möglichkeiten, die wir haben, voll ausschöpfen, wäre dies der letzte Schritt: im Tao das Leben durch uns geschehen lassen. Wir müssen auch keine Vorstellung mehr haben vom Leben, wie es sein sollte. Stattdessen weicht das alte Selbstbild dem neuen, und wir leben in der Wahrnehmung, das zu sein, was wir wirklich sind. Dann folgen wir der Freude, indem wir einfach hinschauen und dem begegnen, was uns Freude macht. Dies ist nicht mit dem zu verwechseln, was wir Spaß nennen, denn dabei folgen wir meist dem, was uns bei Laune hält. Doch das ist nicht die wirkliche Freude. Das ist nur eine Empfindung, die kommt und geht. Wahre Freude ist mehr als nur ein Wohlgefühl, es ist ein Stimmigsein mit mir selbst.

Dann weiß ich auch, dass das Spiel des Lebens nur mir zur Freude gespielt wird. Das ist das Tao. Es ist ein Spiel, in dem ich nur gewinnen kann. Es gibt keinen Verlierer, denn wie wollten wir verlieren? Es kann Ihr Auto gestohlen werden, Ihr Haus kann abbrennen, Sie könnten querschnittsgelähmt werden und vieles mehr könnte passieren. Es mag im ersten Moment nicht ganz einfach sein, aber die Kunst ist, damit zu leben und trotzdem nicht dauerhaft betrübt zu sein. Was zählt, ist: Wie gehe ich damit um? Selbst wenn ich blind werde - wenn ich tief in meinem inneren Sein weiß, dass all das mir nur helfen will, verliere ich die Außenwelt nicht. Es erschließt sich mir nur eine ganz neue Welt. Ich gewinne eine Wirklichkeit, die ich mit den Augen wohl nie gesehen hätte. Das Fühlen, Spüren und Wahrnehmen stehen dann im Mittelpunkt, und automatisch wende ich mich nach innen. So wende ich mich meinem Selbst zu und sehe mehr, als ich mit meinen Augen je hätte sehen können.

Wenn ich also bereit bin zu erkennen, dass mir alles nur dienen und helfen will und dass alles nur für mich da ist, um mich zurechtzurücken, werde ich dem Leben ganz anders begegnen.

Alle Botschaften dienen nur dem einzigen Ziel, im Leben die Erkenntnis zu gewinnen, wer und was ich wirklich bin.

Habe ich das erkannt, dann verschwinden auch die Schwierigkeiten. Wenn mich dann jemand nicht leiden mag, böse auf mich ist oder mich einen Egoisten schimpft, berührt mich das nicht. Es ist ja nur *eine* Vorstellung *seines* Bewusstseins und hat nichts mit mir zu tun. Wenn ich im Tao lebe, weiß ich, dass die Vorstellung des anderen mein Leben nicht verändert.

Wenn jemand Sie beschimpft, werden Sie dadurch nicht schlechter, und wenn jemand Sie bewundert, werden Sie dadurch nicht besser.

Wir haben in diesem Buch über Schwierigkeiten im Leben gesprochen. Viele Menschen haben Angst vor Schwierigkeiten, doch Schwierigkeiten sind die Würze des Lebens. Jede Schwierigkeit ist ein Kompliment. In jeder "Auf-Gabe" des Lebens steckt die Gabe, also ein Geschenk. Daher sollten wir keine Angst mehr haben, wenn es schwierig wird. Streichen wir einfach das Wort "schwierig" und ersetzen es durch "interessant". Bei einem Spiel wird es ja auch erst richtig interessant, wenn es schwierig wird

- warum sollte es beim Spiel des Lebens anders sein? *Herausforderungen sind das, was das Leben ausmacht.*

Daraus resultiert folgende Erkenntnis: Mein Glück ist nicht von äußeren Umständen abhängig.

Mein Glück ist nie von Umständen abhängig gewesen, nur ich habe es davon abhängig gemacht. Wenn die Umstände günstig waren, wenn alles stimmte, dann konnte ich glücklich sein. Jetzt kommt es aber nur noch darauf an, dass *ich* stimme. Und sobald ich stimme, bin ich glücklich. Und wie oft ich stimme und wie lange ich stimme, entscheide ich selbst. Ich bin nicht mehr abhängig von den Umständen, ich kann jederzeit stimmen - und damit kann ich jederzeit glücklich sein.

Wenn ich stimme, dann ist natürlich auch mein Körper stimmig. Und dann ist er kein Spielverderber mehr, der mir Schmerzen, Symptome oder Krankheiten schickt, sondern ich weiß, jede Krankheit ist ein Hinweis auf eine Unstimmigkeit in meinem Bewusstsein. Diese sagt mir über das Symptom und über den Ort, an dem es auftritt, wo es nicht stimmt. Also kann ich ja dafür sorgen, dass es dort stimmt. Dann verschwinden der Schmerz und das Symptom, weil sie nicht mehr gebraucht werden.

Falls Sie wieder einmal denken, Sie hätten eine harte Jugend gehabt oder Sie hätten gerne einen bestimmten Beruf ergriffen, aber Sie mussten etwas anderes lernen, um einmal die Firma der Eltern leiten zu können, machen Sie sich bewusst: Ihre Vergangenheit ist vorbei und kommt nie wieder. In diesem Augenblick - jetzt! -, haben Sie alle Möglichkeiten.

Einmal kam ein Mann zu mir in die Praxis, er war 68 Jahre alt und seit drei Jahren pensioniert. Er klagte über sein hartes Leben und dass er in der Vergangenheit nie tun durfte, was er wirklich wollte. Ich fragte ihn, was er denn gerne getan hätte, und er antwortete, er hätte so gerne studiert, doch das wäre damals aus wirtschaftlichen Gründen nicht möglich gewesen. Er musste die Firma der Eltern übernehmen, die er inzwischen schon längst verkauft hatte. Er trauerte darüber, dass er sein Leben nicht gelebt hatte. Ich erwiderte, dass es keine Altersbeschränkung an der Uni gibt.

Jahre später habe ich ihn wiedergetroffen. Er erzählte mir, er habe gerade promoviert und seinen Doktor gemacht. Da war er 73. Inzwischen ist er im zweiten Studiengang. Warum nicht?

Wir setzen uns im Leben oft Grenzen und denken, es wäre vorbei. Doch solange Sie leben, können Sie es ändern.

Die Vergangenheit ist vorbei, und sie braucht uns nicht mehr zu interessieren; alles andere steht uns offen!

Die Vergangenheit hat Sie an diesen Punkt gebracht, an dem Sie jetzt sind. Von diesem Punkt aus können Sie in jede Richtung gehen. Sie können Ihr Leben bestimmen. Was könnte es Schöneres geben, als sich bewusst zu machen, dass Sie in jedem Augenblick die Wahl haben? Und falls Sie sich einmal verwählt haben, wählen Sie einfach im nächsten Augenblick neu! Wenn Sie eines Tages erkennen sollten, dass dies auch noch nicht optimal ist, haben Sie wieder die Wahl ...

Machen Sie sich auch bewusst, dass Sie überhaupt nichts müssen!

Genießen Sie die Dinge, die Sie besitzen, solange Sie wollen. Wenn Sie eines Tages nicht mehr wollen, verkaufen Sie sie. Gehen Sie auch nie mehr aus Zwang arbeiten. Arbeit ist als Freude gedacht, und wenn sie keine Freude macht, machen Sie etwas falsch oder etwas Falsches. Ein Maßstab ist: Wenn Arbeit keine Freude macht, dann stimmt etwas nicht. Dann sollten Sie entweder die Tätigkeit wechseln oder die Einstellung zur Tätigkeit ändern. Gestatten Sie dem Leben, Ihnen Freude zu bereiten, und tun Sie das, was Sie wirklich erfüllt und Ihnen Freude bereitet!

Ich habe drei Schätze, die ich hüte und hege.
Der eine ist Liebe,
der zweite ist Genügsamkeit,
der dritte ist Demut.
Nur der Liebende ist mutig,
nur der Genügsame ist großzügig.
Nur der Demütige ist fähig zu herrschen.

Laotse

Die zwei Ebenen des Seins

Den Engpass in der Mitte überschreiten wir durch Einsicht. Diese Ebene können wir nur mit unseren geistigen Sinnen wahrnehmen, und wir erreichen diese Ebene durch den Schritt vom äußeren Erkennen zum inneren Wahrnehmen. Es geschieht, indem wir Abstand zu unserer Persönlichkeit nehmen und ganz wir selbst sind. Es ist die Erkenntnis dessen, was wir sind.

Meditation für ein stimmiges Leben

Wenn ich bereit bin, schließe ich meine Augen, gestatte meinem Körper, vollkommen bewegungslos zu sein, und mache mir bewusst, wer ich wirklich bin.

Ich bin nicht der Körper,
ich bin vollkommenes, ewiges Bewusstsein.
Ich war immer und ich werde immer sein, denn ich bin.

Leben im Tao
Ausdruck der einen Kraft
Ebene des Seins
Selbsterkenntnis
Einheit
SELBST
Intuition
Erleuchtung
Mensch, der bewusst agiert
Der Meister, der die Ursachen schafft
innere Welt
äußere Welt
der Sinneswahrnehmung
Dualität
Ursache und Wirkung
Ebene des Tuns
ICH
Hier muss der Mensch intelligent, fleißig und beharrlich sein
Probleme, Leid, Krankheit
unbewusst
Mensch, der von den Umständen bewegt wird
Karma, Wünsche, Hoffnung

Ich bin ein Teil des einen, allumfassenden Bewusstseins.
Mein Körper aber ist mein Werkzeug, das mir dient und gehorcht.
Und so nehme ich mein Werkzeug Körper
einmal wieder ganz liebevoll in Besitz.
Ich durchdringe und erfülle meinen Körper
bis in die letzte Zelle mit Bewusstsein.

Ich bin mir meines ganzen Körpers bewusst,
ich beherrsche meinen Körper.
Aber ich beherrsche nicht nur meinen Körper,
sondern ich, Bewusstsein, beherrsche auch meine Gedanken.
Und so konzentriere ich jetzt die Vielfalt meiner Gedanken auf einen Punkt.

Ich beobachte meinen Atem
und erlebe dabei das Wunder vollkommener Konzentration, indem ich einfach alles andere loslasse
außer dem einen, was ich gerade tue.
Ich beobachte meinen Atem,
und während ich meinen Atem beobachte, erkenne ich: Nicht ich atme, sondern es atmet mich.
Es atmet mich.
Es ist das Leben selbst, das mich atmen lässt.
Das Leben aber ist Gott, denn Gott lebt in mir und wirkt durch mich als Ich.
Wo immer ich bin, ist Gott.
Mit jedem Atemzug erlebe ich das Wirken Gottes in mir.

Und während ich meinen Atem in diesem Bewusstsein
weiter geschehen lasse, sinke ich in mich hinein.
Sinke in die lichte Welt in mir, in meine Mitte.
In meiner Mitte erkenne ich das Licht meines wahren Selbst,
ich gehe einmal ganz hinein in dieses Licht,
werde einmal ganz bewusst eins mit mir selbst.
Ich bin eins mit mir selbst.
Ich bin der, der ich wirklich bin:
vollkommenes, ewiges Bewusstsein.

In diesem Bewusstsein schaue ich mich jetzt einmal
in meiner lichten Innenwelt um
und erkenne vor mir eine Wiese.
Ganz leicht und frei gehe ich auf diese Wiese,
nehme sie mit allen Sinnen wahr,
spüre das Gras unter meinen Füßen
und höre die Vögel zwitschern.
Ich spüre die warme Sonne auf meiner Haut
und atme die reine Luft.
Ich erkenne: Hier fühle ich mich wohl,
das ist mein geistiger Entspannungsort.
Und so stelle ich mich einmal an einen schönen Platz auf
meiner Wiese,
stehe auf einem Bein und mache die Übung
des chinesischen Kaisers für ewige Jugend.
Ich bewege langsam mein anderes Bein, meine Arme,
meinen Oberkörper –
wie in Zeitlupe – tänzerisch elegant.
Und während ich auf einem Bein stehe,
spüre ich, ganz gleich wie ich mich bewege:

Ich ruhe in meiner Mitte.
Das Leben geschieht durch mich,
bewegt sich, fließt,
ich aber ruhe in meiner Mitte.
Und so mache ich diese Übung in aller Ruhe
auf meiner Wiese – in mir.
Ich lasse diese Übung harmonisch fließen
und spielerisch durch mich geschehen
und ruhe dabei in mir.

Wenn ich es will, wechsle ich einmal das Bein
und ruhe auf dem anderen Bein – in meiner Mitte.
Während sich mein übriger Körper tänzerisch, spielerisch,
leicht, harmonisch bewegt, ruhe ich in mir,
vereine so Bewegung und Ruhe
harmonisch in mir.

Und während ich so in der Bewegung in meiner Mitte ruhe,
stelle ich mir einmal vor, wie ich nach dieser Meditation
in meinen Alltag zurückkehre
und wie ich mich von jetzt an in bestimmten Situationen
verhalten werde.

Ich ruhe weiter in der Bewegung in mir
und erlebe dabei eine Situation in meinem Umfeld,
erlebe voraus, wie ich mich dort aus meiner Mitte heraus
stimmig verhalte.
Ich lasse das wie in einem Film lebendig ablaufen,
gehe hinein in die Situation und erlebe mich in der Situation,
in meiner Mitte.

Ich sehe, wie ich mich in dieser Situation
stimmig verhalte:
echt, ehrlich, authentisch und liebevoll.

So finde ich jetzt in der Vorstellung meinen individuellen Weg,
mit meinem Leben, mit meiner Situation umzugehen.
Ich erlebe auch, wie ich mich verhalte,
wenn mein Umfeld auf mein verändertes Sein reagiert.
Lasse ich mich umstimmen? Oder stehe ich zu mir?
Bleibe ich ICH selbst?

Ich höre die Argumente der anderen
und erlebe, was ich erwidere, wie ich mich verhalte.

Wenn ich es will, kann ich auch eine andere Situation
in mein Bewusstsein nehmen
und mir einmal vorstellen, wie ich mich dann verhalte.
Ich erlebe es jetzt!
Ich entscheide mich für mich selbst,
dafür, in Zukunft stimmig zu sein.
Ich erlebe mich, wie ich mich stimmig in einer anderen Situation verhalte,
und spüre in mir dieses Wohlgefühl, ich spüre: So stimmt es wirklich.
Das bin ich wirklich!
Und ich treffe bewusst meine Entscheidung,
ich entscheide mich für mich selbst,
für den, der ich wirklich bin:
vollkommenes, ewiges Bewusstsein.
Ich gehe bewusst durch mein Leben

und verhalte mich nach meinem neuen Maßstab.
Alles, was ich tue, prüfe ich danach, ob es wirklich stimmt,
und ich lebe von nun an stimmig.

Mit diesem Wohlgefühl löse ich mich behutsam aus der Situation
und kehre wieder zurück an die Oberfläche des Seins,
zurück ins Hier und Jetzt.

Wann immer ich bereit bin, öffne ich meine Augen.
Ich gestatte meinem Körper, sich wieder frei zu bewegen,
ich bin wieder ganz bewusst im Hier und Jetzt.
Dabei spüre ich auch, dass ich sicherer geworden bin
und bewusster.
Ich weiß, was zu tun ist.

Eine Reise, die uns zu unserem Herzen führt

Sind wir in unserem Herzen, können Kopf und Bauch gleichzeitig präsent sein: In diesem Zustand können wir die Gedanken beobachten und unsere Gefühle registrieren. Wir ruhen dann in uns selbst und leben das, was wir leben möchten.

Oft werden wir jedoch von unseren Gedanken daran gehindert, richtig da zu sein. Wir haben dann das Gefühl, zu sehr "aus dem Kopf" zu leben. Sobald wir dies merken, haben wir den ersten Schritt getan. Denn wenn wir dies zur Kenntnis nehmen, können wir unsere Gedanken beobachten und brauchen uns nicht mehr mit ihnen zu identifizieren. Wenn wir das Gefühl haben, unsere Gefühle kämen zu kurz, können wir uns "mental" in den Bauch führen und beobachten, welcher Teil von uns noch angeschaut und vielleicht aufgelöst werden möchte. Wir haben allerdings nicht nur die zwei Alternativen (entweder im Kopf oder im Bauch zu sein), sondern es steht uns frei, in jedem Augenblick auch in unser Herz zu gehen.

Ich gestatte mir einfach, hier zu sein,
und versuche, mich zu sammeln.
Ich lasse die Außenwelt, wo sie ist,
und richte meine Aufmerksamkeit auf mich.

Ich gestatte mir, in mir zur Ruhe zu kommen.
Ich gestatte einfach, dass Ruhe sich in mir ausbreitet.
Wenn ich will, atme ich noch einmal tief ein
und lasse mich in diese Ruhe hineinsinken.
Ich sinke einfach ganz behutsam in mich hinein.
Ich spüre, wie ich getragen werde ...
wie auf einer Wolke,
und ich richte meinen Blick nach oben
und sehe noch andere Wolken vorbeiziehen.

Jede Wolke ist ein Symbol für einen Gedanken, der in mir ist,
und ich gestatte meinen Gedanken, die in mir aufsteigen,
da zu sein und weiterzuziehen.
Ich schaue mir einfach die Gedanken an
und lasse sie vorbeiziehen.

Dabei mache ich mir auch bewusst:
Wann immer ich bemerke, dass ich denke, bin ich schon der Beobachter,
bin ich in der Situation, in der ich bin – auf der Wolke,
auf der ich die Fähigkeit habe,
meine Gedanken einfach vorbeiziehen zu lassen.

Wenn ich will, richte ich meine Aufmerksamkeit
auf das Blau des Himmels zwischen den Wolken.
Ich schaue einfach dorthin, wo keine Gedanken sind,
und richte mein Bewusstsein auf das Blau des Himmels.
Ich spüre die Weite und die Zeitlosigkeit
und bin einfach da ...

Jetzt werde ich mir meines Kopfes bewusst
und spüre, wie ich als Bewusstsein in meinem Kopf bin.
Vielleicht spüre ich, dass ich viel größer bin als mein Kopf,
dass der Kopf wie der Kern in mir ist
und dass die Funktionen des Kopfes einem Computer gleichen,
einem Schaltsystem. Beide sind auch wichtig für mein menschliches Dasein.

Ich bin einfach ganz bewusst in meinem Kopf
und kann mich umsehen, ob da etwas ist,
was angeschaut werden möchte,
ob hier Gedanken sind, die ich nicht zulasse.
Ob Dinge in meinem Kopf sind, die nicht mehr zu mir gehören.
Diese Dinge kann ich einfach nehmen
und – indem ich in meinem Kopf ein Fenster öffne – hinauslassen.
Ich kann schauen, welche Räume es in meinem Kopf gibt

und ob es Türen gibt mit einer Aufschrift darauf –
und ob ich in einen dieser Räume eintreten möchte.

Vielleicht kann ich irgendwo Ordnung machen,
weil die Dinge, die hier herumliegen, vielleicht sogar ausgemistet gehören.
Wenn ich will, kann ich alle Türen und Fenster
weit aufmachen und frische Luft hereinlassen,
bis alles ganz sauber und klar ist.

Vielleicht ist ein Schmerz da,
dann kann ich schauen, was er mir sagen möchte.
Ich kann schauen, ob ich etwas lösen kann.
Ich kann den Schmerz auch einfach in meine Hände nehmen
und schauen, was er mir als Botschaft sagen möchte ...
Danach löse ich ihn auf.
Dann hebe ich meinen Blick ganz nach oben
und sehe dort – wie in einem Observatorium –, wie das Ganze sich öffnet,
wie von oben Licht einfällt
und alle Räume mit dem Licht durchflutet und erhellt werden.

Ich gestatte diesem Licht, in alle Winkel, in alle Ecken,
in alle Räume zu gehen.

Und während das Licht in mich einfließt,
senke ich meinen Blick und sehe eine Falltür zu meinen Füßen.
Ich öffne diese Türe und steige hinab in meine Mitte.
Wenn ich will, kann ich ein Licht mitnehmen.

Dann steige ich einfach Schritt für Schritt hinunter in meine Mitte.
Ich spüre, wie ich vom Kopf über die Halswirbelsäule
Schritt für Schritt hinuntergehe in meine Mitte.
Ich spüre, wie das Licht, das von oben einfällt,
Schritt für Schritt mit mir tiefer geht.
Ich gehe Schritt für Schritt
in die Tiefe meines Seins,
bis ich in einen großen Raum komme.
Vielleicht ist der Raum dunkel,
dann gestatte ich dem Licht, ihn ganz hell werden zu lassen.
Ich schaue mich um.
Ich nehme gleichzeitig meinen Bauch wahr und atme in diesen Bauch.
Ich bin einfach in meinem Bauch,
in diesem großen Raum.
Es ist der Raum meiner Gefühle,
und ich schaue mich um, ob es da Dinge gibt,
die ich vielleicht in eine Ecke gedrängt habe,
und ob dort vielleicht etwas liegt, das ich anschauen sollte.

Vielleicht ist eine Truhe in diesem Raum.

Wenn ich mag, gehe ich zu dieser Truhe,
denn in dieser Truhe sind Dinge, die ich versucht habe einzusperren.
Ich kann diese Truhe jetzt öffnen und schauen, was darin ist.
Und was auch immer in dieser Truhe ist, ich kann es in meine Hände nehmen,

zur Treppe gehen und dem Licht, das von oben einfällt, anvertrauen.
Ich stehe in einem Lichtkanal,
und ich merke, wie sich die Dinge in meinen Händen im Licht einfach auflösen.

Ich schaue mich um, und wenn ich will, kann ich fragen, ob etwas fehlt.
Vielleicht fehlt Freude in diesem Raum, dann lade ich einfach Freude ein und sehe,
wie Freude sich entfaltet.

Es können kleine, lachende Kinder sein oder
Blumen, die auf einmal blühen.
Ich gestatte einfach, dass Freude sich in diesem Raum ausbreitet.
Was immer ich glaube, das sein soll,
kann ich jetzt einladen.
Ich schaue mich noch einmal um,
und vielleicht sehe ich da ein kleines Kind sitzen,
das kleine Kind, das ich einmal war.
Wenn ich will, gehe ich jetzt zu diesem Kind und begrüße es.
Und wenn mir danach ist, nehme ich es in den Arm
und gebe diesem Kind all das, was ich vielleicht
als Kind nicht bekommen habe.
Ich nehme dieses Kind in den Arm und gebe ihm meine Liebe.
Ich frage das Kind, ob es vielleicht noch etwas braucht
und ob es mir noch etwas sagen möchte.

Ich gestatte dem Kind in mir, wieder lebendig zu werden.
Ich gestatte dem Kind, diesen Raum mitzugestalten.
Vielleicht fehlt noch Spielzeug hier.
Vielleicht zeigt mir das Kind, dass dieser Raum keine Grenzen braucht,
dass er eine große Wiese ist ...
auf der man spielen, tanzen und lachen kann.

Und wenn mir danach ist, bedanke ich mich bei mir als Kind
und sehe, dass da noch eine Gestalt wartet,
eine Gestalt, die mich jetzt zum Raum meines Herzens führt.
Ich vertraue mich dieser Gestalt an und folge ihr.
Mit dieser Gestalt gehe ich in den Raum meines Herzens.
Ich atme noch einmal ganz tief und spüre mein Herz,
spüre das Zentrum des Lebens, wie es schlägt,
und betrete mit dieser Gestalt den Raum meines Herzens.
Ich schaue mich um.
Hier kann ich mich ausruhen, hier bin ich geborgen.
Hier ist einfach alles gut, und ich spüre, wie Liebe mich umgibt,
wie ich eingebettet bin in diese Liebe,
wie sie mich durchdringt und erhält,
wie es genügt, einfach hier zu sein ... einfach ich zu sein.

Ich bin.

Bin hier einfach der, der ich bin.
Ich nehme diesen ganzen Raum in Besitz
und merke, wie dieser Raum immer weiter wird,
wie mein Herz größer wird

und sich entfaltet,
stärker wird ...

Ich höre auf das Klopfen meines Herzens und spüre:
Hier bin ich am Pulsschlag meines Lebens.
Ich gestatte mir einfach, in diesem Augenblick im Leben zu sein.

Ich atme noch einmal ganz tief und spüre meinen ganzen Körper.
Ich spüre, wie das Licht noch immer von oben einströmt,
ich sehe, wie das Kind in meinem Bauch vielleicht noch immer spielt,
und ich nehme das Zentrum meines Herzens wahr,
die Liebe und das Leben.
Ich kann mich in jedem Augenblick entscheiden, wo ich bin.

Ich spüre noch einmal meinen ganzen Körper,
auch meine Beine und Füße, meine Arme und Hände,
und kehre ganz behutsam zurück in diesen Augenblick,
in diesen Raum, an diesen Platz, an dem ich sitze oder liege,
und beobachte mich gleichzeitig,
wo ich hingehe.
Ob ich wieder in den Kopf zurückkehre,
im Bauch bin oder im Herz bleibe ...
Wann immer mir danach ist, kann ich meine Augen öffnen,
dann bin ich einfach wieder hier.
Ich bin hier, im Hier und Jetzt.

Zusammenfassung

Die eigentlichen Botschaften des Lebens erfahren Sie nicht in einem Buch, sondern im täglichen Leben. Dieses Buch sollte nur als Wegweiser dienen, damit Sie zukünftig offener durch das Leben gehen und etwas genauer hinsehen. Ein jeder Mensch geht seinen ganz individuellen Weg, der voller Hinweise ist. Wenn wir sie übersehen, dann ist das nicht schlimm. Doch wir können uns mit mehr Aufmerksamkeit einige Umwege ersparen, die durchaus sehr schmerzhaft und unangenehm sein können. Alles, was uns über den Weg läuft, und alles, womit wir auch immer konfrontiert werden - es will uns etwas sagen. Diese Mitteilungen brauchen aber nicht erst gesucht zu werden, denn wenn wir uns darauf einstellen, dass Botschaften ein natürlicher Teil jedes Augenblicks sind, dann werden wir sie auch entdecken.

Der Alltag ist unser Lehrer. Es ist wie ein Seminar, bei dem ständig die Referenten wechseln. Mal ist es der Partner, der Chef oder der Freund, ein anderes Mal sind es die Kinder, die Eltern oder die Firma. Auch die Ungeduld lehrt uns etwas ganz Wichtiges, und wie Sie sicher wissen, ist die Geduld wohl eine der begehrtesten Tugenden. Warum ist es bloß so schwer, geduldig zu sein? Ich glaube es liegt daran, dass wir ständig etwas verändern wollen. Wir meinen, ständig perfekt oder besser sein zu müssen, und vergessen dabei ein ganz altes Wissen, nämlich dass es gut ist, wie es ist. Würden wir dem Leben und uns selbst vertrauen, dann wären wir wohl geduldiger, weil wir die Gewissheit hätten, dass alles zu jeder Zeit absolut richtig ist.

Das Leben spricht ständig durch viele Dinge, Ereignisse, Menschen, Emotionen und so weiter zu uns, und diese Sprache findet auf den unterschiedlichsten Ebenen statt. Wenn Sie bereit dazu sind, die Botschaften zu verstehen und auf die Sprache des Lebens zu achten, liegt es ganz in Ihrer Hand, die Konsequenzen daraus zu ziehen. Der Weg ist frei, und die Tür steht offen. Entscheiden Sie, ob Sie bereit sind, den Weg zu gehen.

Der Mensch spricht oft von den Botschaften des Körpers und was sie uns sagen wollen. Das ist sicher richtig, doch dabei wird außer Acht gelassen, dass uns auch ein Nummernschild, ein Lied, das gerade im Radio gespielt wird, oder ein bunter, flatternder Schmetterling am Wegesrand etwas zu sagen hat. Wir suchen die Botschaften immer in spektakulären Dingen, doch sie sind überall und liegen oft in den einfachsten Dingen versteckt.

Sie können dem Leben aber auch Fragen stellen – und seien Sie nicht allzu erstaunt, wenn Sie eine Antwort bekommen. Vertrauen Sie darauf, dass Ihnen das Leben nur helfen will und dass unzählige Antworten nur darauf warten, von Ihnen gehört zu werden. Verschiedene Botschaften liegen zum Beispiel im Alltag, in unseren Lebensumständen und Problemen. Besonders das, was wir als Problem bezeichnen, zeigt nur auf, dass wir mit einer Sache nicht einverstanden sind. Versuchen wir also nicht, das Problem zu lösen, sondern ändern wir unsere Sichtweise dazu.

Genauso müssen Streit, Ärger und Stress nicht sein. Auch hier sollten wir hinsehen und schauen, was uns das Leben zu sagen hat. Warum ist die Situation so? Warum reagieren wir, und wer reagiert da genau? Was bin ich?

Liebe, Partnerschaft und Zwischenmenschliches sind wohl die größten Herausforderungen des Lebens, denn dort werden wir direkt und wohl am intensivsten mit uns selbst konfrontiert. Wir verlangen zwar vom anderen, dass er uns entspricht, bemängeln ihn, stellen Erwartungen an ihn und haben ständig etwas auszusetzen, aber was steckt dahinter? Es geht einerseits darum zu erkennen, was der Partner uns unbewusst mitteilen möchte und welche Botschaft er für uns parat hat. Andererseits sollten wir sehen, dass alles, was uns stört, immer nur wir selbst sind. Warum also stören wir uns an unserem Spiegelbild?

Irgendwann werden wir alle zu dieser Erkenntnis gelangen, und in diesem Stimmigsein können wir uns auf den Weg machen. Wann immer wir trotzdem einmal erschüttert werden und aus dem Stimmigsein herausfallen, müssen wir uns jedoch keine Vorwürfe machen. Frei von Schuldzuweisungen richten wir uns einfach wieder nach innen und lassen alles andere los. Wie? Indem wir es sein lassen, wie es ist, und ihm keine weitere Aufmerksamkeit schenken.

Wann immer uns bewusst wird, dass wir gerade "nicht stimmen", ist dies nur ein liebevoller Hinweis des Lebens, wieder stimmig zu sein. Sie sind das Bewusstsein selbst, und allein Sie bestimmen, was geschieht. **Bestimmen Sie Ihr Leben, dann stimmen Sie.** Und wenn Sie dann noch den Botschaften lauschen, dann beginnt ein ganz neues und bewusstes Leben, das Sie sehr glücklich machen wird.

Über den Autor

Kurt Tepperwein, 1932 in Lobenstein geboren, widmete sich nach langjähriger Unternehmensberater- und Heilpraktikertätigkeit voll und ganz dem Mysterium Leben. Er studierte Kulturen und Philosophien auf verschiedenen Kontinenten und an den unterschiedlichsten Orten der Welt.

Als Bewusstseinsforscher, Seminarleiter und Autor unzähliger Werke sieht er seine Aufgabe darin, das allumfassende Wissen sowie seine wertvollen Erkenntnisse mit spirituell Interessierten und nach dem Lebenssinn suchenden Menschen zu teilen. Seine Fähigkeit, Menschen zu begeistern und zu faszinieren, hat er sich nicht angeeignet oder angelernt, sie basiert auf eigenen Erfahrungen.

Seine Authentizität und Hingabe an das Lebensthema Nr. 1, »Zufriedenheit und Erfüllung im Alltag zu erfahren«, transportieren das Wesentliche und begeistern.

Kurt Tepperwein versteht es wie kaum ein anderer, die materielle und geistige Sicht der Dinge zu umfassen und sie in einer harmonischen Ganzheit zu betrachten. Ergänzend zu mehr als 80 Büchern, unzähligen DVDs und Audio-CD-Aufnahmen, erreichen seine beliebten Kompakt-Ausbildungslehrgänge (z. B. Lebens-, Intuitions-, Mental- oder Kausal-Berater, -Coach und -Trainer) nicht nur Topmanager und Spitzensportler, er spricht mit seinem natürlichen und lebensbejahenden Wesen jeder Altersgruppe und Berufsgruppe aus dem Herzen.

Kurt Tepperwein

Frieden finden

52 Impulse für dich und die Welt

Jeder von uns kann Frieden in die Welt bringen. Kurt Tepperwein gibt uns friedvolle und inspirierende Impulse für jeden Tag: Diese 52 Karten laden dich ein, innezuhalten, Dankbarkeit zu spüren und den Frieden im Herzen zu nähren. Erlebe, wie kurze Inspirationen deinen inneren Frieden stärken und deine Sicht auf die Welt verändern – für mehr Harmonie in deinem Leben. Aus innerer Klarheit wird gelebter Frieden – im Alltag, im Miteinander und in der Welt.

52 farbige Karten, mit Kurzanleitung, in Box
EAN 426007528-042-4

Kurt Tepperwein

Was immer du willst

Magnetisch anziehen, was Freude macht

Jeder Mensch besitzt magnetische Kräfte. Er strahlt nicht nur etwas aus, sondern verfügt auch über eine unbewusste Anziehungskraft. Mit Hilfe dieses Buches zeigt Ihnen Kurt Tepperwein, wie Sie Ihre Sinne schärfen und Ihre Magnetkräfte aktivieren können, um Ihrem Leben eine Richtung zu geben, die nicht nur befriedigend ist, sondern die Sie wirklich zufrieden und glücklich macht. Wenn Sie also magnetisch anziehen wollen, was Freude macht und sich nebenbei von alten Gewohnheiten trennen möchten, halten Sie das absolut richtige Buch in der Hand. Es ist an der Zeit, dass Sie bekommen, was immer Sie wollen!

136 Seiten, broschiert · ISBN 978-3-89845-608-1

Kurt Tepperwein

Sympathisch lächeln und dein Leben neu entdecken

Kurt Tepperwein zeigt, wie ein sympathisches Lächeln dir die Türen für Neues öffnet und dein Leben mit glücklichen Momenten und inspirierenden Begegnungen bereichern kann.
Mit einem echten Lächeln und einer positiven energetischen Schwingung kommst du in Resonanz mit den Menschen, die deiner Herzensenergie entsprechen. Du verbesserst spürbar dein Selbstwertgefühl und stärkst deine physischen und psychischen Kräfte. Dein Lächeln macht dein Leben jeden Tag ein wenig schöner. Teste es noch heute – und spüre, was du bewirken kannst.
Dein Game Changer für mehr Herzenswärme und ein erfüllteres Leben

128 Seiten, durchgehend farbig gestaltet, broschiert · ISBN 978-3-96933-121-7

Franziska Krattinger

Woran Pechvögel hängen und worauf Glückspilze aufbauen

Alles beginnt klein und endet groß

Viele Menschen wissen bereits, dass sie ihr Leben aus der Kraft ihrer Gedanken und Gefühle bestimmen. Positives Denken ist angesagt. Die Theorie ist gut, doch die Praxis im Alltag fällt nicht so leicht, da die Menschen in alten Denk- und Gefühlsgewohnheiten gefangen sind.
Franziska Krattinger beschreibt die Stolpersteine, genannt Gewohnheiten, und zeigt die Lösungen dazu. Die Möglichkeiten zur Verbesserung unseres Lebensgefühls sind verblüffend einfach, wirkungsvoll und für jedermann leicht anzuwenden ... Dieses kleine Buch hat große Wirkung, da es die Kraft des positiven Denkens in uns entfacht!

176 Seiten, 2-farbig, broschiert · ISBN 978-3-89845-467-4

Manfred Mohr

Deine Zahlen – deine Sterne

... sich selbst erkennen – andere verstehen

Jeder von uns hat doch einen schwierigen Chef, merkwürdige Kollegen oder eine Schwiegermutter, mit der der Umgang manchmal kompliziert und herausfordernd sein kann. Mit Hilfe der 108 Charaktertypen kann es auf einfache Weise gelingen, das Verhalten dieser Menschen besser zu verstehen und leichter mit ihnen umzugehen.
»Deine Zahlen – deine Sterne« lädt ein zur humorvollen Selbsterkenntnis und entspannten Akzeptanz der eigenen Stärken und Schwächen – dicht gefolgt von der wachsenden Fähigkeit, deine Mitmenschen wie dich selbst immer mehr mit einem Augenzwinkern so nehmen zu können, wie wir nun einmal sind. Mit vielen prominenten Beispielen.

256 Seiten, Klappenbroschur · ISBN 978-3-89845-617-3

Andy Großkopf

Besser atmen. Jetzt

Breathwork, Meditation, Yoga Nidra

Prana-Experience – für mehr Energie und Klarheit! Was ist eine Prana-Experience? Die Methode vereint erstmals Breathwork, Meditation und Yoga Nidra, um das Prana, die Lebensenergie, gezielt zu aktivieren und zu lenken.
Sie hilft dir, Stress zu reduzieren, dein Immunsystem zu stärken, kreativer & fokussierter zu werden, besser zu schlafen und neue Entschlossenheit zu entwickeln. Atemcoach Andy Großkopf vermittelt in seinem Praxisbuch die Grundlagen seiner Methode – von Achtsamkeit bis Zen.
Plus: Acht inspirierende Beispiel-Experiences für mentalen Flow bis hin zu energetischer Reinigung

160 Seiten, 2-farbig mit Abbildungen, broschiert · ISBN 978-3-96933-118-7

Thomas Widrat

Einfach mal leben – Simply you

88 Lebenslektionen, die du nicht ignorieren solltest

Auf der Suche nach einem erfolgreicheren und zufriedeneren Weg im Leben ist es manchmal schwierig, Kurs zu halten. Bei unendlich vielen Möglichkeiten, diese Reise zu gestalten, können getroffene Entscheidungen schnell noch einmal hinterfragt werden.
Mit 88 Lebenslektionen liefert Thomas Widrat Ihnen Anregungen, wie Sie Ihren inneren Kompass neu ausrichten können, und hilft Ihnen, den richtigen Kurs für Ihr Leben zu finden.
So kommen Sie Ihren Zielen und sich selbst jeden Tag etwas näher.

224 Seiten, broschiert · ISBN 978-3-96933-081-4

Peter Berliner

Klare Worte

Wie Sie überzeugend sagen, was Sie meinen

Klar und überzeugend kommunizieren
Sei es im Beruf oder im Privatleben: Wirkungsvolles Sprechen vor und mit anderen Menschen ist heute wichtiger denn je. Wer seine Ideen und Projekte überzeugend vortragen kann, hält den Schlüssel zum Erfolg in der Hand.
Kompakt und unterhaltsam coacht Sie Peter Berliner, Experte für Kommunikation und Persönlichkeitsentwicklung, wie Sie die Kunst der klaren Worte erfolgreich meistern und andere von Ihren Ideen überzeugen!

272 Seiten, 2-farbig, Klappenbroschur · ISBN 978-3-89845-648-7

Weiterführende Informationen zu
Büchern, Autoren und den Aktivitäten
des Silberschnur Verlages erhalten Sie unter:
www.silberschnur.de

Natürlich können Sie uns auch gerne den
Antwort-Coupon aus dem beiliegenden
Lesezeichenflyer zusenden.

Ihr Interesse wird belohnt!